AF370505

Todos los libros de Linkgua Ediciones cuentan con modelos de Inteligencia Artificial entrenados por hispanistas. Pregúntale al chat de tu libro lo que desees acerca de la obra o su autor/a.

Para ebooks: Accede a nuestro modelo de IA a través de este enlace.

Para libros impresos: Escanea el código QR de la portada con tu dispositivo móvil.

Obtén análisis detallados de nuestros libros, resúmenes, respuestas a tus preguntas y accede a nuestras ediciones críticas generativas para una experiencia de lectura más enriquecedora. La transparencia y el respeto hacia la autoría de las fuentes utilizadas son distintivos básicos de nuestro proyecto. Por ello, las respuestas ofrecen, mediante un sistema de citas, las fuentes con las que han sido elaboradas.

José Martí

Adúltera

Barcelona 2024
Linkgua-ediciones.com

Créditos

Título original: Adúltera.

© 2024, Red ediciones S.L.

e-mail: info@linkgua.com

Diseño de cubierta: Michel Mallard.

ISBN rústica ilustrada: 978-84-9897-461-4.
ISBN tapa dura: 978-84-1126-074-9.
ISBN rústica: 978-84-96290-06-8.
ISBN ebook: 978-84-9897-001-2.

Sumario

Brevísima presentación

La vida

José Martí (La Habana, 1853-Dos Ríos, 1898), Cuba.

Era hijo de Mariano Martí Navarro, valenciano, y Leonor Pérez Cabrera, de Santa Cruz de Tenerife.

Martí empezó su formación en El Colegio de San Anacleto, y luego estudió en la Escuela Municipal de Varones. En 1868 empezó a colaborar en un periódico independentista, lo que provocó su ingreso en prisión y más tarde su destierro a España. Vivió en Madrid y en 1871 publicó El presidio político en Cuba, su primer libro en prosa.

En 1873 se fue a Zaragoza y se licenció en derecho, y en filosofía y letras. Al año siguiente viajó a París, donde conoció a personajes como Víctor Hugo y Augusto Bacquerie.

Tras su estancia en Europa vivió dos años en México. Por esa época se casó con Carmen Zayas Bazán, aunque estaba enamorado de María García Granados, fuente de inspiración en sus poemas.

En 1878 regresó a La Habana y tuvo un hijo con Carmen. Un año después fue deportado otra vez a España (1879) y hacia 1880 vivió en Nueva York y organizó la guerra de independencia de su país. Argentina, Uruguay y Paraguay le otorgaron su representación consular en esa ciudad.

La moral

Sufrir para mí no era sufrir: era ensancharme, ser, crecer. Y desde que

la amo [a Fleisch], creo ya en la felicidad de una hora, porque a su lado me olvido de todas las miserias, y, en la tierra,
la única felicidad posible es el olvido de la Tierra.

Adúltera es una obra polémica y moral, escrita por Martí en
España durante su primer destierro de Cuba. En medio de
una exigencia extrema de lealtad, el autor retrata diferentes
aristas de la especie humana a través de personajes de marca-
do carácter alegórico.

Adúltera

Personajes

Fleisch (fleisch: carne), la mujer
Grossermann (hombre alto), el marido
Guttermann (hombre bueno), el amigo
Possermann (hombre vil), el amante

Acto I

Época-Siglo XVII

Marido... cuarenta años Amante... veinticinco años
Amigo... treinta años Mujer... veinticinco años

Trajes, severos y lujosos

Decoración cerrada, cuatro puertas laterales y una al foro, a la izquierda en primer término mesa, sillón y taburetes; alfombra.

Escena I

Grossermann (Solo.)

Grossermann	¡Paz de un momento, grata felicidad de ser amado, bien venidas seáis a mí! Es el hombre en la tierra dueño de sí mismo, y es, sin embargo, su mayor trabajo serlo, que el hombre es el mayor obstáculo del hombre. Y desde que lo fui, desde que empeñé esta lucha que dura en esta tierra toda la vida y ¡quién sabe cuantas vidas en otras! nunca creí en la paz, ni en el contento, ni en más felicidad que este íntimo regocijo que produce ver felices a los otros.

Sufrir para mí no era sufrir: era ensancharme, ser, crecer. Y desde que la amo, creo ya en la felicidad de una hora, porque a su lado me olvido de todas las miserias, y, en la tierra, la única felicidad posible es el olvido de la Tierra.

Cuerpo y alma son ciertamente encarnizados contrarios. No es amor estúpido de cuerpo lo que brota de mí para María: es que el ser humano no está completo en el hombre: es que la mujer lo completa: es que esta indomable vida de mi espíritu necesitaba para no caer vencida, resignación y ternura, abnegación y luz porque, si la luz se perdiera, hallaríasela de nuevo encendida en el alma de una mujer. (Corriendo al encuentro de Guttermann, que entra por la puerta del fondo.) ¡Oh, amigo, enhorabuena llegas! Complacíame ahora de venturas mías: no estaban todas juntas si no te tenía cerca de mí.

Escena II

Grossermann y Guttermann

Guttermann   Fuérame dado venir contento como tú.

Grossermann   Ley parece que no nazca una alegría sin que nazca al mismo tiempo un pesar, mas ¿qué tienes? ¿Te han llegado malas nuevas de tu hermana?

Guttermann   (¡Mi hermana!) No, Grossermann, no: pero tiene afligida a la ciudad la desgracia de Frank.

Grossermann   Pues ¿qué le ha pasado a Frank?

Guttermann   ¿Recuerdas tú que amaba con pasión a su mujer?

Grossermann   Y ¿lo ha engañado?

Guttermann   Engañado, amigo, a él, hombre noble y generoso, con el amor del joven Alfred, vano y necio.

Grossermann   Y ¿ha podido hallar esa malvada hombre superior a Frank?

Guttermann   Ciegas son del alma las mujeres que engañan a sus maridos: no podía ella ver alma tan alta como aquélla.

Grossermann   Y ¿lo supo Frank?

Guttermann   Vive ya en otro mundo el que le robó el cariño de su mujer.

Grossermann   ¿Lo ha matado?

Guttermann   Hallólos al volver a su casa en plática de amor.

Grossermann   ¿La mató a ella?

Guttermann   No: ¿qué hombre mata a una mujer? Pero no fueron más rápidos sus ojos en mirar que sus manos en herir. Lo vio, vio sus labios en las manos de su mujer, vio los labios de la mujer sobre su frente, y los del hombre no volvieron a abrirse más: Allí quedaron fríos: ¡allí oprimió la cabeza del cadáver contra la mano que besaba, y la sacudió sin levantarla con furia que debió darle el infierno! ¡Horrible fue, en verdad, aquel beso tremendo de despedida!

Grossermann   (Ya preocupado.) No de otra manera deben quedar siempre ahogados los besos criminales. Duéleme mucho, duéleme como mi mismo dolor esta desgracia de Frank. No tienes tú mujer. No sabes tú con qué cariño tan receloso se la ama, qué avaro se llega a ser de todos sus momentos, cómo este afecto que entró en nuestro corazón a la par que otros afectos, crece y se desarrolla de manera que es al cabo más grande que todos, más grande que nuestro mismo corazón. Mide tú esta inmensa felicidad: figúrate qué horrible no debe ser el dolor de perderla.

Guttermann   A bien que nace con las amarguras el olvido: solo en él podrá hallar un día consuelo Frank.

| Grossermann | (Volviéndose a Guttermann.) Hállanlo en él solo los necios o los pobres de espíritu. ¿Cómo piensas así tú? Cuando más el pesar duerme, pero no muere: ¡ay de las almas secas en que nunca despiertan los pesares! El recuerdo vive, late, obra lenta y silenciosamente. Y hay en la memoria de esta clase de tristezas cúmulo de terribles accidentes que no se olvidan jamás. Hay un hombre que nos ha manchado... Y ¿cómo te extrañas tú de que yo sienta el pesar de los demás? Pues dime: tú, que no consuelas a nadie, ¿tendrás derecho a que nadie te consuele en tu dolor? A más, que si a mí me preguntaran qué es vivir, yo diría el dolor, el dolor es la vida. |

(Pasea.)

Me has dado en qué pensar con la desgracia de mi amigo.

| Guttermann | A otros dará en cambio que reír. |

| Grossermann | (Deteniéndose enfrente de Guttermann.) ¡Reír! Y ¿se puede reír de la desventura ajena, y de una desventura tan grande? |

| Guttermann | Lado flaco es ese de los humanos. |

| Grossermann | (Irguiéndose.) ¡Lado estúpido! ¿No es eso tomar a broma el honor, que debe ser siempre |

una religión en nuestra alma? No, amigo,
no; eso es de almas roídas y enfangadas.
Y a fe tienes razón; que hay quien se ríe de
estas cosas. Autorzuelos hay que llevan al
teatro como asunto de gorja a un marido
engañado; y óyelo en paz la regocijada
concurrencia, y a mí me dan mis tentaciones
de poner al autorcillo ramplón de modo que
jamás riera de la ajena desgracia ¡crueldad
mayor!

Guttermann

No es de extrañar en boca de autor esa buena
voluntad hacia sus compañeros. ¡Calle, calle
el envidioso!

Grossermann

¿Envidia yo? Tú no lo dices de veras. Si
el ingenio que tengo no me lo debo a mí
mismo, y sé que soy noble y honrado ¿qué
tengo yo que envidiar? Envidia el necio, que
cree que tiene algo suyo: no yo que sé que
debo a merced desconocida esta palabra con
que te hablo, y esta inteligencia con que la
formo y la animo: (Dejándole la mano que
le ha tomado al comenzar.) De estúpidos la
envidia y la ambición.

Guttermann

(¡Alma altísima!)

Grossermann

Y ahora que dices autor, tiempo ha que ando
a vueltas con la manera de llevar al teatro
la solución que cumple dar al marido en el
adulterio de la esposa.

| Guttermann | Y ¿hallaste ya la solución? |

| Grossermann | Lección terrible, pero no para aconsejada, me da con su suceso mi pobre amigo Frank. Mato a veces a los adúlteros, a veces los perdono; pero siempre me dejan confuso y cabizbajo: no doy con ello. Cosas son estas que, antes de sufridas, no se adivinan; y luego de sufridas, ni aun debe tenerse valor para recordarlas: ¡ay! luego de sufridas se debe morir (Como apuntando ideas en su frente): ¡Qué horror, qué horror, amigo! ¡Si pensar en esto amarga tanto, un instante de sentirlo debe ser tormento inconcebible! Pero, fuera de mí estas tristes ideas que no han de verse nunca realizadas. ¡Vaya con la cara que pones! Tal parece que he hablado para ti. ¿Es que de nuevo te enoja verme violento y exaltado? |

| Guttermann | Y es la verdad. Parece que no hay para ti un instante de placer ni de paz. |

| Grossermann | Y no te engañas quizá. Para un hombre digno de serlo, no hay en la vida espacio a la alegría ni al olvido. Mas yo te prometo corregirme en lo posible. Comedia he de hacer en que pinte la cara que pone un amigo leal cuando su amigo se da a pensar en irremediables tristezas. Quédate |

a Dios; espérame en mi habitación trabajo
preparado.

(Yéndose.)

Guttermann   Y, ¿el mío?

Grossermann   En la tuya te espera. (Volviendo atrás.) Pero
                    ¿no me perdonas? (Echándole un brazo al
                    cuello.)

Guttermann   No a fe si no escribes la comedia.

Grossermann   (Separándose de Guttermann) Cierto que he
                    de escribirla; no te vea yo luego incómodo
                    con mis exaltaciones como ahora. Queda,
                    queda en paz. (Yéndose.) (Dulce alegría es
                    tener tan leal amigo como éste.)

Escena III

Guttermann (Solo y sentado.)

Guttermann   Él piensa que son solo las turbulencias de su
                    espíritu las que me inquietan: ¡las del mío
                    son las que me agitan ahora! El que tiene una
                    sola felicidad no sospecha nunca que otro
                    pueda ser infeliz. Harto sé que no es verdad
                    que los pesares se olvidan, que tengo yo uno
                    muy hondo, y es mi inseparable compañero:

tanto me acompaña, que ya hasta amo mi
dolor.

Yo quería a mi hermana con la vehemencia
de todos los cariños. Ella, débil o frívola, ni
ha entendido mi amor, ni lo ha respetado
siquiera, y ha dado a un miserable su honra
y su paz. Ahora él la abandona: ahora vuelve
ella a mí; ahora que ya no puedo tener para
ella más que el amor del perdón, viene a
pedirme aquel cariño en que ni siquiera
pensó para olvidarlo, ¡por qué se razona
para arrepentir y no se razona para obrar!
Róbales la seducción la voluntad; no ven las
tristes que la seducción es una infamia que
viene a ellas vestida de apetito y de lisonja.

(Se queda sentado y pensativo.)

Escena IV

Guttermann, Posserman y Fleisch

(No de la calle; de adentro) Guttermann no se apercibe de
la escena que pasa en la puerta del fondo. Aparecen por ella
Fleisch seguida de Possermann como si viniera a la escena.
Al ver a Guttermann, Fleisch se detiene y dice a Possermann,
con terror:

Fleisch   ¡Guttermann! ¡Huye, por Dios! Abierta
                     está la puerta del jardín: no estés aquí un
                     instante.

Possermann	Día es éste azaroso para mí; quehacer importuno me alejará tal vez de la ciudad: tal vez no podré verte mañana ¿cómo huir, Fleisch mía?
Fleisch	¡Oh; sí; alguien te verá!
Possermann	Aquella puerta me conoce. Mas, ¿por qué no esperar allí?
Fleisch	Bien, espera... mas oye: vase por esa habitación a parte no concurrida del jardín; baja es la tapia; ¡si algún peligro te amenaza, huye, por piedad!
Possermann	¡Adiós, Fleisch mía!

(Fleisch se va por la puerta del fondo; Possermann cautelosamente por la segunda puerta de la izquierda.)

Escena V

Guttermann (Solo.)

Guttermann	Y yo diría a Grossermann mi pesar. Él no me consolaría porque de los dolores verdaderamente grandes no puede nadie consolarnos. Pero él me enseñaría a querer como antes a mi hermana, porque ahora... ya no puedo quererla como antes.

No la estimo: por eso no la quiero. Él me ayudaría a encontrar a ese hombre que le ha robado a ella la inocencia, que es la felicidad, y a mí el honor, que cuando todas las felicidades acaban, es una felicidad todavía. (Levantándose.) ¡Pero, no, no, ni a Grossermann siquiera! Las manchas de honra son tales que hasta con pensar en ellas las aumentamos, cuanto más diciéndolas a otro. ¡Ay! Hasta el aire es enemigo de la honra perdida, que una vez dada al aire la mancha del honor, no hay poder ya que la redima ni la recoja ¡ay de mí!

Escena VI

Grossermann y Guttermann

Grossermann	(Que sale del cuarto apresurado a tiempo para oír el «¡ay de mí».) ¿Qué, sufres?
Guttermann	No, no, Grossermann; pensaba en ti.
Grossermann	(Receloso.) Parecióme que sufrías.
Guttermann	Pues de veras que solo pensaba en ti.
Grossermann	¿De veras?... mal haces, mal. ¿Sufres, y no lo dices a tu amigo? He aquí una deslealtad.

Guttermann

No, no: tú sabes que no hay para mí alegría ni pesar que no sean tuyos.

Grossermann

Me engañas esta vez. ¡Egoísta! Engáñame, tú que puedes: harto castigo tienes con experimentar que hay un tormento mayor que sufrir, y es sufrir solo.
(Llevando a Guttermann al centro de la escena.) ¿Dónde hallas tú más alegría que en la confianza? ¿Dónde, después del amor de una mujer, hallas tú nada más hermoso que la amistad? Siente un alma honda pena que la martiriza y la devora; viértela en un pecho amigo; con él abrázase, en él llora, y parece como que el pecho queda por instantes vacío de dolor. La amistad es la ternura del amor sin la volubilidad de la mujer. No hay dolor más terrible que el que a todos callamos; no hay más hirvientes lágrimas que las que al brotar de nuestros ojos van gimiendo hasta el suelo sin que una mano amiga las recoja para sí. Ves tú en mí hermano cariñoso, y ¿callas, hoy que sufres? mal haces, mal. Ven a mí. Si un pesar te agobia, hazlo mío, y será más leve para ti. Si una traición te inquieta, castígala y olvídala, que hace daño acordarse de un traidor. Si una amante te engaña, perdónala sin olvidarla, que el recuerdo de un amor perdido educa el alma en la hermosa enseñanza del dolor. Si alguien te ofende sin rencor, sin odio, sin ira, de tal manera vuelve por tu dignidad que nadie más

te ofenda. Y si amoríos estériles te agitan, déjalos morir sin pena, que pierde el hombre para la vida verdadera todo el tiempo que en ellos malgasta. Pero ofensa o amor, traición o maldad, recuerdo o mal presente, ven a mí, conmigo pártelo, divídelo conmigo: que suelen abrumar las penas el cuerpo humano impotente, y es ley hermosa de almas que el amigo ayude al amigo y comparta con él su pesadumbre. ¿Qué tienes, Guttermann?

Guttermann   Vergüenza de mí, placer de hallarte cada día mejor. Perdóname, perdóname tú; ¡pero no quiera nunca tu desventura saber cómo turba el espíritu, cómo teme del aire, cómo no hay acabar para la mancha del honor!

Grossermann   Pero ¿quién te hiere así? ¿quién te ofende?

Guttermann   Oféndeme la que yo había criado para mi cariño, la que yo quería más que a ti.

Grossermann   ¿Mujer?

Guttermann   Tenía yo una hermana...

Grossermann   ¿Que tu hermana ha muerto?

Guttermann   Tenía yo una hermana... (En el mismo tono.) ¿Vive la mujer extraviada? ¿Vive la criatura manchada? ¿Vive el deshonor?

Grossermann   ¡Un infame ha labrado tu desventura! ¡Un infame ha envilecido su pureza!

Guttermann   ¡La ha hecho torpe y vil! Ahí tienes, ahí tienes tú cómo mi hermana ha muerto ya.

(Estas últimas frases agitado.)

Grossermann   (¡Otra mujer que hace sufrir a otro hombre honrado! ¡malvada mujer!) Descansa, amigo. ¿Cómo fue?

Guttermann   Era ella honesta criatura. Niña aún cuando era yo hombre, niña sin madre, guiéla yo con besos de mis labios y flores de mi amor. La vi nacer: la vi crecer; míos fueron su beso primero y su primera caricia, hícela a semejanza mía, y nada hay que regocije tanto como ver a un alma que nace con nuestros besos y a nuestro calor. Y así fue niña, y la amé. Y así fue mujer, y busqué para su bienestar mayor trabajo, y ocupaba laborioso todas las horas del día, y hubiera querido que el día tuviese más horas, porque me produjesen para ella más. Y cuando yo buscaba en el trabajo riqueza para ella; cuando hasta verla dichosa sacrificaba yo contento las vehemencias de mi alma; ¡otro hombre ocupaba en robármela las horas que en trabajar ocupaba yo; otro hombre saciaba en ella no amor, que esto fuera noble, infamias de su voluntad que me ha robado el honor!

Grossermann   (Amigo infeliz.)

Guttermann   (Con dolor creciente.) ¡Y aquella obra de toda mi vida, aquella flor de mis anhelos, se me fue en un día, se me fue en brazos de un villano y miserable amor!

Grossermann   Y ¿has callado tanto tiempo?

Guttermann   (En la misma entonación.) Y no hubo para mí descanso. Cuando volví de un día afanoso, cuando le llevaba como cada día un regalo que halagaba su deseo, cuando a ella iba en busca de mi única paz, y hallé sin mi ángel mi hogar, sin sus brazos mis brazos, sin su voz mis oídos, sin aquel amor tan hondamente atesorado en mi corazón, ¡sentí que la cabeza se me abría, que el corazón se me rompía, que la razón se iba de mí!

Grossermann   ¿Mas no supiste adónde fueron?

Guttermann   Y pasó tiempo, y los busqué sin descanso, como un cuerpo huérfano de alma buscaría su alma por toda una eternidad. Y en vano los busqué.

Grossermann   ¿Ni conocías al hombre?

Guttermann   ¡Ni lo conocía! ¡Tan loca fue aquella mujer sin ventura, que no vio que amor que huye de los vigilantes ojos del hogar es criminal e impuro amor!
Días ha supe que ella venía; y ella, que había desdeñado toda mi alma, me pidió el lugar miserable de la compasión, díjome que la abandonó el malvado, díjome que aquí venía. (Con viveza creciente.) Y no sé desde entonces descansar; figúrome que cuantos miro, son: cuerpo toman mis ansiosas miradas: imagínase cada una de ellas verlo ante mí: ¡implacables rugen en mi alma ira y dolor!

Grossermann   ¡Perdónala!

Guttermann   ¿Qué es perdón?

Grossermann   ¡Llámala!

Guttermann   ¡No!

Grossermann   ¡Quiérela!

Guttermann   ¡No!

(Todas estas frases dichas rápidamente.)

Grossermann   (Con lentitud a Guttermann, que lo oye como abrumado por sus palabras.) Pues, dime, hombre débil y falible: si alguna vez tu alma cae, ¿cómo has de querer tú que nadie ampare tu alma? Si alguna vez la tentación te abrasa, y dóblase a la tentación tu condición humana miserable ¿qué es perdón? ¿qué es levantar? ¿qué es salvarte? Eternamente recorrería tu maldecido espíritu los implacables espacios: eternamente vagarías condenado sin luz. Quiérela. Si no tuvo madre; si son las flores de la castidad legado el más hermoso que hacen las madres a las hijas; si es para la mujer tan incitante el enamorado convite de los hombres; si con no tenerla estuvo privada del pudor del ejemplo que acrecienta y realza el pudor natural; si son tan elocuentes los hombres para seducir, y las mujeres tan nobles para creer, ¿qué le pides a la debilidad de la mujer contra la avaricia elocuente y maldita del que le robó la paz? Resisten a la seducción las almas fuertes; edúcanse las almas con los repetidos sucesos en la fortaleza. Si nada había despertado aquella alma, si era virgen de dolores, si nunca luchó, ¿cómo has de pedirle tú fortaleza para luchar y resistir? ¡Impía crueldad! Tú has caído. Yo he caído. Todo hombre en la Tierra ha caído una vez. No hay espíritu puro, no hay en este mundo todavía criatura inerrable. Y si todos los hombres caen y se levantan ¿por qué esa ira odiosa del fuerte? ¿por qué no ha de levantarse la mujer que una vez cayó? Si por maldad cayó del hombre, del hombre es el baldón y el vilipendio. Si por debilidad cayó, ¡culpa es del ser más alto que la dio flaca y manejable naturaleza!

Cae el hombre, que es fuerte, y se redime. Cae la mujer, que es débil, y el caído la insulta y la envilece: ¡redímase también!

Y si no la amas, yo la amo. Si no la llamas, yo la llamaré. Y aquí vendrá, y no se apartará de mi lado, y a mi lado vivirá...

Guttermann   (Queriéndole interrumpir.) Deja, deja por Dios.

Grossermann   Y aquí hallará en mis brazos apoyo a su desgracia solícito...

Guttermann   Mira que me atormentas.

Grossermann   Aquí tendrá la paz y la ventura.

Guttermann   ¡Mira que me ahogo!

Grossermann   Aquí hallará en mí y en mi mujer la compasión que tú le niegas...

Guttermann   (Tendiendo los brazos a Grossermann) ¡Oh! ¡calla! ¡calla! ¡Si la amo como antes, si no se la niego ya!

Grossermann   (Estrechándole contra su pecho y como satisfecho de haber logrado su deseo.) ¡Así! así, amigo mío. Llora. Sufre. Sufre sin temor; pero ama y perdona. ¡Esto es Dios!

(Pausa breve)

Guttermann   ¡Amigo de mi alma!

Grossermann   (Estrechando sus dos manos.) Hermano tuyo. Hermano que de hoy más hace suya tu pena. Aquí vendrá tu hermana. ¡Pobre y desventurada criatura! Juntos buscaremos sin descanso a este hombre infame dos veces: porque sedujo, infame: porque abandonó a una mujer, más infame todavía... ¡Ah! a volverse las manchas de las mujeres sobre los hombres que las manchan, no habría frente de hombre que no estuviese turbada por la culpa. Y hallaremos a ese hombre.

Guttermann   Ilumina mi espíritu abrumado.

Grossermann   La calma lo iluminará mejor: Ve y reposa, amigo mío (indicándole la puerta de la derecha.) No te diré yo que olvides tu pesar, no. Olvidar es de ruines. En él piensa, piensa en tu hermana, piensa en que entre tus hombros y los míos más fácil es la pesadumbre, y más veloces acudiremos al remedio. Piensa sin cesar en esta ofensa, porque el hombre ofendido que duerme es más vil.
Hay una cosa más preciada que la vida: la vida honrada.

Guttermann   Muera la mía si no ha de serlo.

Grossermann   Nadie muera... Hasta que no haya al menos menester morir.

Guttermann   Y ¿si lo ha menester?

Grossermann   (Con energía.) Primero ¡se mata! Luego, se morirá probablemente. Ve, ve y reposa. Aquí queda conmigo tu dolor.

(Acompañándole hasta la habitación.)

Escena VII

Grossermann (Solo.)

Grossermann   (Volviendo rápidamente al centro de la escena, y con vigor.) ¡Se mata! Porque cuando todas las creencias se mancillan, y todos los sacrificios se olvidan, y la mujer amada nos engaña, y persíguennos y atérrannos fantasmas de vilipendio y deshonor, es poco la cabeza miserable para contener nuestro cerebro roto, es poco el pecho necio para comprimir el corazón despedazado: no hay paz, no hay calma, no hay razón y sáltanse del hombre las complacencias del humano ser, y en él rugen precipitados y malditos, ¡rugen incallables, indomables rugen sus instintos bárbaros de fiera! (contrastando con la viveza de este período): Y de estos extravíos de la razón, no el hombre: responda el que nos la dio débil y extraviable.

Mido yo el dolor de Guttermann por esta ira que me agita, por este afán de hallar al malvado, por esta compasión vehemente a esa triste criatura. Un hombre te manchó (señalando a la habitación de Guttermann): descuida, amigo; yo lo hallaré.

No se aparta de mí la memoria de Frank. No entiendo yo cómo ha podido esa mujer engañarlo. No concibo yo cómo este inmenso amor, esta alma esclava, esta ofrenda que hace el hombre de su vida no merezcan de una honrada mujer, si no amor, estimación siquiera y respeto. ¡Ah! ¡Si hubiera de ser que sufriera yo dolor tan bárbaro algún día! ¡no! ¡no!, locura indigna de esta noble Fleisch que me ama.

De imaginarme solo que pudiera yo sufrir así, siento ya pena tan honda que me pone fuera de mí. ¿Muerte? ¡es poco! ¡Es mentira que la memoria acabe con la muerte, porque ese debe ser dolor tan grande que no puede caber en una vida!

Me ama mi mujer. Vigoriza mi alma, alienta mi energía, crece mi espíritu con esa vida que es mía, que se funde en mí, que en la mía vive, que es absoluta, plena, completamente para mí. Mía es su alma pura. Si alguna dicha es verdad, esta posesión de un alma es la única dicha verdadera.

Escena VIII

Grossermann y Fleisch

Fleisch   (Sale por la primera puerta de la izquierda,
                 en dirección a la segunda. Al ver a su marido,
                 dice:) ¡Ah! ¡Él aquí!...

(Y se vuelve hacia él, a tiempo que él se vuelve, la ve y se
dirige a ella.)

Grossermann   ¡Mi Fleisch!

Fleisch   Buscándote venía: aún no te he visto hoy: ¿Te
                 vas ya?

Grossermann   ¿Sin verte, Fleisch de mi alma, hermosa
                 vida mía, mi ser y mi luz? No iré yo nunca a
                 saludar el día sin verte: pareciérame oscuro
                 si no fuera conmigo el brillo de tus ojos. ¿Me
                 quieres?

Fleisch   ¿Qué no ves tú cómo corre nuestra vida
                 apacible y feliz, cómo para ti vivo, cómo se
                 complacen en ti mis pensamientos?

Grossermann   Así, mi Fleisch, seas siempre para mí.
                 Así te necesita ternura que refresque mis
                 soberbias, mi espíritu combatido y agitado.
                 Conmuévenmelo ahora la memoria de una

desgracia inevitable, una historia fatal, y, más que ella, un dolor vivo y profundo de mi amigo mejor.

Fleisch

¿De Guttermann?

Grossermann

De Guttermann, criatura generosa. No habrá en mí calma hasta que no haya hallado alivio a su pesar.

Fleisch

Siempre robando a tu reposo las horas para pensar en los demás...

Grossermann

No me quieras cuando no los robe, cuando me olvide tanto de mí mismo que solo piense en mí, cuando vea pasar a mi lado una desgracia sin darle amparo ni remedio.

Fleisch

Disculparía yo tu noble afán, mas te arrebata luego a mí ese trabajo rudo e incesante...

Grossermann

Pues, dime ¿vive el que no trabaja? ¿Merece el que no trabaja amar, qué es vivir? Inmensa dicha es tu afecto que me hace olvidar de todas las miserias y me regocija: para gozar dicha tan alta, el hombre debe haberla merecido con altos trabajos: para seguirla gozando, el hombre debe seguir mereciéndola constantemente. Olvídame, despréciame el día que deje sin empleo mi energía y mi vigor. Si no, luz mía, el amor es estéril y fútil, e indigno de mi soberbia y de tu amor.

Fleisch

(Que ha mirado disimulada, pero inquietamente a su izquierda mientras habla su marido; con cariño exagerado:) Pero ¿te acuerdas de mí siempre?

Grossermann

¿Que si me acuerdo de ti? Bárbaro tormento es para el hombre la memoria: y, yo acaricio, bendigo, amo esta memoria fatal porque me sirve para acordarme de ti. (Con pasión:) ¿Me olvidarás? Para mí, para mí solo tu alma entera, tu vida de antes, tu vida de ahora, el menor de tus pensamientos, todas tus vidas. ¿Verdad, luz mía, que todo es para mí?

Fleisch

¡Ambicioso!

Grossermann

¡Ah! ¡no! (Sentándose en un sillón y un escaño que debe haber muy cerca del centro de la escena. Él la toma de las dos manos y la sienta, y se sienta él, sin interrumpir sus frases.) No me digas más, que me parece que tu voz me roba algo de tus miradas. (Alzándole la frente e inclinándose hacia ella:) ¡Mírame, mírame así! (Irguiéndose y lentamente:) En ti estoy yo: yo hombre, era la energía y la fortaleza: tú, mujer, eras la ternura y la castidad. Yo me uní a ti, y los dos juntos hicimos el ser. Si no me amaras mi energía sería salvaje y sería impotente tu ternura: ¡ámame!

Yo no viviría sin ti: tú sin mí no vivirías: vidas
juntas, alma sola: esto es amor: ¡ámame!
Yedra frondosa que da brillo y lozanía al
tronco a que se enlaza: esto para mí eres tú.
Tronco erguido y robusto que ha encarnado
en su savia la savia de la yedra: esto soy yo
para ti. Alma que vierte eternamente dulzura
en otra alma que no se ha de extinguir, fuego
yo de tu ser, fuego tú del ser mío, ternura
y fortaleza envueltas, proximidad de Dios:
¡ámame!

(La inquietud de Fleisch, no exagerada pero sí perceptible,
no habrá cesado sobre todo al final de estas frases.)

Fleisch	No pasa mi espíritu cerca del tuyo sin abrasarse en él, no entibian en ti los años el ardor.
Grossermann	(Echándose atrás en el escaño, como si se sintiera herido:) ¡Mis años!... (Más cerca de Fleisch y muy lentamente:) Y, cuando te hablo yo de mí ¿piensas tú en mis años?
Fleisch	(Confusa pero con viveza.) ¡Ah! ¡No, no! Ellos me sirven para amarte más.
Grossermann	(Lentamente.) Te hallo inquieta. No estás tú para mí como estabas ayer. Me hablas poco; te turbas; torpe estás para hablarme: (Mirándola fijamente:) ¿qué tienes, mujer?

Fleisch   (Afectando serenidad y cariño.) No, no es nada: no temas por mí: nada más que tu pensamiento me ocupa en este instante.

Grossermann   (Dejándola de la mano, levantándose del escaño y apartándose dos o tres pasos:) Seca... fría... ¿Será que turbe mi razón la memoria de Frank? ¿Será que esta mujer no me ama? (Desechando con ira la idea:) No, no: esto es indigno de mí: esto no puede suceder: ¡no puede ser verdad que sea yo más infeliz que nunca esta vez primera de mi vida que me he creído feliz! (Volviéndose rápidamente hacia Fleisch, que se ha levantado del sillón como yendo hacia él, y tomándole de nuevo las manos:) ¿Me amas?

Fleisch   ¿Cómo puedes dudarlo?

Grossermann   (En el mismo tono vehemente:) ¿Me amas mucho?

Fleisch   Más cada día que te veo, más cada vez que pienso en ti.

Grossermann   ¿Me quieres como a nadie has querido, como a nadie puedes querer?

Fleisch   Así te quiero, así.

Grossermann   Y, ¿puedes mentir? Ámame siempre, porque yo te amo: dame tu vida porque yo te doy la mía: sé mía porque yo soy tuyo: guarda mi honra, porque yo la he fiado de ti: Ingrata, infame, loca: todo esto es la mujer que engaña a su marido. No me mientas, no me engañes tú y, si no me amas...

Fleisch   ¿Y lo dudas aún?

Grossermann   Si no me amas, no me lo digas nunca, no te lo digas a ti misma, porque de pensar solo que no habías de amarme, ¡siento que mi corazón se anubla con las iras, que la tiniebla entra en mi alma! Quiéreme como hasta aquí me quisiste: de tal manera quiéreme que no haya en ti pensamiento, ni en tu corazón latido, ni en tu memoria recuerdo que no sean para mi memoria y para mi amor. Vida tuya es la mía. Mía sea tu vida. Adiós.

(Separándose de Fleisch.)

Fleisch   No vas con él si dudas de mí.

Grossermann   (Sin oírla.) ¡Fría, fría a la avaricia de mi alma! Estallan en mí dudas que me espantan a mí mismo: ¡Ay de mí, si no me ama esta mujer!

(Sale por la primera puerta de la derecha.)

Escena IX

Fleisch (Sola.)

Fleisch

Duda ya, sospecha de mí. ¿Qué ha podido haber que lo haya hecho sospechar? Nadie conoce aquí a Possermann: nadie lo sabe: nadie lo ha visto: secreta y rápidamente nos hemos siempre hablado: ¡Ay de mí si Grossermann descubre nuestro amor! Y él está aquí: pueden venir (acercándose a la segunda puerta de la izquierda.) ¡Possermann!

Escena X

Fleisch y Possermann

Possermann
(Saliendo.) ¡Fleisch mía!

Fleisch
Calla, calla ahora: aún no ha salido Grossermann; acaba de hablarme, y no sé qué sombría sospecha lo ha alejado de mí. ¡Huye, huye de aquí!

Possermann
¿Huir después de haberte visto? ¿huir cuando te veo?

Fleisch
Esta tarde... esta tarde, pero huye ahora, por Dios.

Possermann
(Yendo ya hacia la puerta.) ¿Sin decirme que me amas?

| Fleisch | ¡Oh! ¡sí: te amo, te amo! (Mirando a la habitación de Guttermann) ¡Viene Guttermann! por allí... por allí... |

(Señalándole la primera puerta de la izquierda. Possermann al salir le toma una mano y se la besa. Un instante antes ha salido por la segunda puerta de la derecha Guttermann, diciendo:)

Escena XI

Guttermann y Fleisch

| Guttermann | Aliento, vivo desde que confié a mi amigo mi pesar. (Reparando en Possermann que junto a la puerta besa la mano de Fleisch y desaparece:) ¡Un hombre, un hombre que besa a Fleisch! |

(Yendo rápidamente hacia la puerta.)

| Fleisch | (Que al volverse repara en él:) (¡Ah! ¡lo ha visto!) (Dando un paso más hacia Guttermann que llega:) Dios os guarde, Guttermann. |

| Guttermann | Cuida Dios siempre de las honradas criaturas. |

| Fleisch | Me extraña vuestra rudeza |

Guttermann   ¿Quién era ese hombre que hablaba con vos?

Fleisch   ¡Un hombre!... no... no... no era nadie... (Con altivez:) aquí no había ningún hombre. ¡Mal andáis con el respeto, señor Guttermann!

Guttermann   ¿Quién era ese hombre que besaba vuestra mano?

Fleisch   Os digo que no era nadie.

Guttermann   Os digo que lo he visto: os digo que ha besado vuestra mano. (Movimiento de Fleisch: Guttermann extendiendo la suya:) No la mováis, señora: muerta está ya para mi respeto y vuestro honor.

Fleisch   ¡Guttermann!

Guttermann   ¿Quién era aquel hombre?

Fleisch   Andáis importuno. Sombra ha sido de vuestra fantasía.

Guttermann   (Exaltado.) ¡Mentís, señora!

Fleisch   ¡Oh!

(Como asombrada.)

Guttermann	Escuchadme bien. Sombra pudo ser lo que yo vi; ¡pero en casa de la esposa honrada hasta la sombra de un hombre mancha e infama!

Fleisch	¡Callad por Dios!
Guttermann	Infama, señora.

Fleisch	(Con angustia y rapidez.) Sí, sí, es verdad: aquí estuvo: amóme en la infancia: yo os lo contaré todo: ¡pero callad por Dios!

(Sigue como suplicando para dar tiempo a la frase de Grossermann.)

Escena XII

Grossermann., Guttermann y Fleisch

Grossermann	(Saliendo por la puerta primera de la derecha.) No merecía su sencillez mi rigor: ¿por qué ha de entender ella mi alma?

Fleisch	(A Guttermann:) ¡Oh!, ¡sí! ¡callad! ¡callad! ¡No digáis nunca nada a mi marido!

Grossermann	(Que la oye, y al hacer un movimiento de asombro:) ¡Qué! (Ellos lo oyen y quedan como confusos: él se adelanta, se coloca entre ellos y tomando a Fleisch de la mano:) Mujer, ¿qué es lo que hay en ti que no sea

mío?, ¿qué puede haber para una esposa que
su marido no sepa? ¿qué ocultas de mí?

Fleisch

(Débilmente y sin levantar la cabeza.)
Nada... nada...

Grossermann

(Oprimiendo con ira su brazo.) ¿Qué ocultas
de mí?... Callas... Callas... Y tú... (tomando el
brazo de Guttermann sin dejar el de Fleisch)
tú lo sabes. Que callaras te decía. ¿Qué
sabes tú? (Guttermann, ni aun levanta la
cabeza: a Guttermann) ¡Tú tampoco hablas!
(A Fleisch:) ¡tú callas todavía! (Dejando
a un tiempo bruscamente los brazos de
Guttermann y Fleisch.) Duda terrible ha
nacido ahora en mi corazón, duda que me
extravía, duda que se avergüenza de ti: (A
Fleisch:) ¡Ay del amigo débil! ¡ay de la mujer
villana que mancillen mi honor!

Cae el telón

Acto II

Escena I

Guttermann y Fleisch

Guttermann	¿Habéis vuelto a verlo?
Fleisch	No: no quería verlo sin acudir antes a vos. Llegar a él sin que procurarais disuadirlo de su sospecha, hubiera sido en mí imprudente locura. ¡Habladle, sed bondadoso, tened piedad de su desesperación y mi peligro!
Guttermann	¿Qué teméis? Nace con los delitos el temor: (movimiento de Fleisch como para hablar) nada me digáis. Yo os respetaba y os quería porque amabais a Grossermann, porque él hallaba en vos olvido de esas exaltaciones que lo engrandecen tanto para la tierra, pero que debilitan y devoran su existencia. Decidme, Fleisch ¿Dónde pudisteis hallar más noble criatura, más alto y enamorado hombre que él? Llégase a concebir que una débil mujer trueque por otro amor el amor de un marido que la abandona y la desprecia: horrible es esto siempre, pero concebible al fin. Entiéndese que la estúpida ira de los celos robe a un marido una honra de que cuida poco: todo esto, que es odioso, se llega

a entender: mas que una mujer tan vivamente querida, una mujer que sabe que de ella ha hecho un hombre encanto y felicidad, trueque por un capricho momentáneo del deseo, que ha de traerle vergüenza y oprobio un amor constante, noble, profundo, un amor que la realza y que la honra, ¡olvidarlo es dar el alma al apetito!

Fleisch

¡Guttermann!

Guttermann

Cierto, Fleisch: ¿por qué ha de avergonzarse la maldad porque se la llame por su nombre? No es error, no es debilidad, no es caída que merezca compasión: ¡liviandades torpes alientan en la mujer que engaña a su marido!

Fleisch

¿Y si algún día dejase de amarlo?

Guttermann

¡Se le dice! ¡No se mancha con una corrupción el tálamo nupcial!

Fleisch

¡Callad, callad por favor! Vos no creéis que yo haya dejado de amar a Grossermann. Decidme: ¿es posible dejar de amar sin que quede en el corazón odio o desprecio? Pues yo admiro a Grossermann: contenta lo escucho: triste me siento cuando no me habla como me habla siempre: lo amo, sí, lo amo. Pero no sé qué alucinación extraña, qué miel en las palabras me cautivó un instante de ese hombre.

| Guttermann | (Con ira.) ¿Conque lo amasteis? |

| Fleisch | No lo amé. Fascinóme aquel hombre; dejaba en mis oídos frases ardorosas; pasaba ante mis ojos pálido y triste: decíame muchas veces que era su muerte mi rigor. |

| Guttermann | Y vos ¿por qué lo visteis una vez siquiera? De cera son los oídos de la esposa para las palabras del marido: ¡de hierro para las impuras palabras del amante! |

| Fleisch | ¡Ah! ¡no sé qué fue! Andaba Grossermann aquellos días distraído; veíalo yo a él desde el jardín, mirábame constante y profundamente: un día llegó... |
| Guttermann | ¡Calladlo, señora! |

| Fleisch | Nada quiero ya ocultaros. |

| Guttermann | ¡Calladlo os digo! Harta ignominia tenéis con haberla cometido: ¡no la hagáis mayor diciéndomela a mí! |

| Fleisch | ¡Guttermann! |

| Guttermann | ¡Lo manchasteis! ¡lo vendisteis! |

| Fleisch | ¡No! no lo manché. Yo no sé adónde me hubiera conducido aquella ceguedad: vos me |

detenéis a tiempo, vos me hacéis horrorizar de mi conducta de hoy.

Guttermann

(Lenta y reflexivamente.) ¡Ay, Fleisch! Harto ha vivido ya en vos; harta culpa es el principio de una culpa tan grande. Decidme ¿sabéis vos si el placer de esos hombres, máquinas viles de quebrar mujeres, es, más que triunfar de ellas, triunfar para publicar luego que lograron algo de ellas? Miserable es quien roba a dos almas la paz: decid ¡quién puede contener la lengua de un miserable! (Exaltándose.) Cuando vea a Grossermann, rodará por sus labios sonrisa de burla, lo señalará a sus amigos, diránlo éstos, sabráse quizá, y estas burlas infames caerán sobre él con insoportable pesadumbre. ¡Maldito sea el que así ha de burlarse de mi amigo! decidme quién es: ¡yo iré a buscarlo, yo provocaré su ira, yo haré que de grado me jure callar eternamente, o vaya por la fuerza adonde el vivir es eterno callar!

Fleisch

Me dais terror...

Guttermann

¡Decidme quién es!...

Fleisch

Y ¿vos queréis a Grossermann? Oculta está mi desventura. Si conocéis a ese hombre, lo buscaréis, lo mataréis quizá, y nadie ignorará entonces lo que hoy nadie sabe todavía.

Guttermann	Verdad, verdad es. Por temor a una injusticia del mundo, queda sin castigo una maldad.
Fleisch	Buscad remedio mejor, buscad pretexto a mi frase fatal. ¡Llegue él a creer en mí como antes creía!
Guttermann	Yo le hablaré, yo haré por llevar a su ánimo mentira que alivie su pesar.
Fleisch	¡Dios haga que vuestros esfuerzos sean útiles!
Guttermann	Sin Dios, sin más Dios que vos misma, mis esfuerzos no hubieran sido necesarios. No en Dios, que es confianza ciega, en vos misma confiad para que vivan siempre aquí la calma y el honor. Dios ha dado a cada criatura un alma que la dirige y que la anima: mientras viven en la tierra, Dios no cuida de sus criaturas; dueñas de un alma, de ella usan, y de ella responden, y a ella únicamente han de acudir en la vida. (Fleisch quiere hablarle.) Yo hablaré a Grossermann, nada más me digáis: id, id en paz.

(Se va Fleisch por la puerta de la izquierda.)

Escena II

Guttermann (Solo.)

Guttermann   Y no dice la verdad. No se arrepiente esta
                      mujer. ¿Cómo pudo cautivar a mi amigo
                      tan baja criatura como ésta? ¡Sus ojos,
                      avarientos de cariño, fijáronse locamente en
                      ella, y cegaron! ¡Pusiera Dios en los ojos el
                      pensamiento, y no fuera el hombre infeliz!
                      ¿Cómo convencer a Grossermann? «No
                      digáis nada a mi marido» —dijo Fleisch, y
                      en su cabeza atormentada por la historia de
                      Frank y el suceso de mi desventura narrado
                      en mal hora, exaltada hasta el temor por la
                      frialdad de su mujer, estallaron ardientes las
                      dudas con el culpable misterio de la esposa.
                      Vilo luego, y no me oyó: he vuelto a verlo,
                      he querido razonar con su dolor, y me ha
                      contestado: «mi mujer no es de nadie más
                      que mía: los dolores que de ella me vengan
                      míos nada más han de ser». ¡Diéranme que
                      volviesen con mis palabras a Grossermann
                      la confianza y la paz! Mentira serán esta
                      vez las razones con que lo convenza, mas no
                      hallarán esa mujer ni ese malvado espacio
                      a turbar nuevamente su ventura. Amigo es
                      como ser de nuestro ser, como continuación
                      de sí mismo.

                      Escena III

Grossermann y Guttermann

Guttermann   (Al verlo entrar.) Honda huella va dejando
                    en su rostro el dolor.

Grossermann   (Entra lentamente, como decaído y
                    abismado en su pesar.) Yo había entrevisto
                    un cielo. Cielo era nuestro santo cariño:
                    cielo mi confianza en su ternura: de él caigo
                    rudamente a la impía realidad, torpe que
                    confié, necio que creí.

Guttermann   (Retirado un poco al fondo.) Ni un instante
                    lo abandona el pesar.

Grossermann   Parecía imposible que unos ojos tan puros
                    me mintieran; no, no es verdad. Las mujeres
                    no tienen el alma en los ojos.

Guttermann   (Adelantando hacia él.) ¡Grossermann!

Grossermann   (Como sobresaltado.) ¡Ah, tú! Llega, llega
                    amigo: parecióme una nueva desgracia
                    que me llamaba. Pero no, Guttermann,
                    no me alejo de ti. Almas somos que nos
                    entendemos bien, almas que si se van de la
                    tierra separadas, tanto se quieren en esta
                    vida que no podrían vivir sin hallarse en
                    otra. (Como asaltado de una idea.) Dime: yo
                    ofrecí ayudarte sin descanso en el remedio
                    de tu desventura; yo ofrecí buscar contigo al
                    que robó a tu hermana paz y honor... ¿me
                    ayudarías tú a mí? ¿me ayudarías tú a mí si
                    yo tuviese que buscar a algún villano?

Guttermann   ¿Estás en ti, desventurado?

Grossermann   (A sí mismo.) ¿Que si...? ¡Ah! ¡Es verdad, es
                      verdad! ¡Suerte nueva de tormento es éste
                      del ultrajado esposo que duda y no puede
                      decir que duda a nadie! Si es verdad, debo
                      morirme sin decirlo... Si no es verdad, la
                      mancho infamemente... ¡A nadie, a nadie,
                      ni a mí mismo quisiera yo decirme que
                      me engaña! (Volviéndose a Guttermann.)
                      No, Guttermann, no: ha sido pensamiento
                      extraviado, locura mía. Tú sabes que a mí
                      me dicen loco. A nadie, a nadie tengo yo que
                      buscar.

Guttermann   En vano ocultas tu mal, ¿qué te aqueja así?

Grossermann   ¿Que qué me aqueja? No; no creas tú que
                      yo dude de Fleisch, no: aquello que tú viste
                      fue momento de loca exaltación. Pensaba
                      en Frank; pensaba en ti; parecióme oír frase
                      culpable... no, no creas tú que dude yo de mi
                      mujer.

(Con interés exagerado en que lo crea Guttermann.)

Guttermann   (Con tono de reproche.) Te quejabas de mí
                      hace unas horas porque te ocultaba mi pena:
                      ingrato me llamaste, y yo te abrí mi corazón,
                      sufres tú ahora, y te alejas de mí: ingrato y
                      desconfiado eres en verdad.

Grossermann	¿Desconfiado de ti? ¿para ti ingrato? Pudiera ser que me olvidase de mí mismo: nunca de tu solicitud y tu cariño. Mas hay días de tristeza para el alma, días sombríos, días neGrossermann No me hagas caso hoy: ando yo en ellos.
Guttermann	¿Luego tienes un pesar; y no es mío? ¿Qué te hace sufrir?
Grossermann	(Levantándose del sillón donde había estado sentado.) ¿Amaste tú alguna vez? ¿Hubo en ti nunca este hondo afecto que en un día de sentido cobra en el alma tanta fuerza como si allí hubiera vivido toda una vida? De afecto es mi pena; de enamorado y suspicaz cariño.
Guttermann	¿Qué amas tú a nadie más que a Fleisch?
Grossermann	¡Amar a otra mujer!
Guttermann	Y ¿dudas tú de ella?
Grossermann	No, no, Guttermann. ¿Quién te dice que yo dude? ¿En qué conoces tú que dude yo? ¡Horror fuera dudar! Es que inmensamente la quiero: es que teme sin cesar quien quiere como yo.
Guttermann	¿Tanto hace sufrir el amor?

Grossermann

El amor cierto, el amor honrado, el amor único de la vida, sí. (En el centro de la escena.) No es amor ese zumbido estúpido con que revolotean tantos necios alrededor de las mujeres. No es amor ese deseo de los ojos que quema con su ardor la pureza del alma que incautamente los mira. No es amor la necedad de los presuntuosos, ni las vanidades de la mujer, ni los apetitos de la voluntad: amor es sentimiento tal que no se puede sentir más que una sola vez en la existencia, y hay criaturas que se van de la existencia sin sentirlo, porque vivieron ciegas, o porque fueron pequeñas para él. ¡Amor es que dos espíritus se conozcan, se acaricien, se confundan, se ayuden a levantarse de la tierra, se eleven de ella en un solo y único ser; nace en dos con el regocijo de mirarse; alienta con la necesidad de verse! ¡Concluye con la imposibilidad de desunirse! No es torrente; es arroyo; no es hoguera, es llama; no es ímpetu, es paz. Dime tú, pues amo a Fleisch, si puedo amar a otra mujer; dime si es posible amar dos veces; ¡puede arrancarse nuestra alma sin hacerla pedazos de aquella otra alma en que vivió y se confundió! Mas oye, Guttermann, ¿no sufrías tú? ¿No tenías tú afán por hallar al que te robó tu hermana?

Guttermann

(¡Pudiera yo con mis propias penas distraerle de las suyas!) (A Grossermann.) Sí sufro, Grossermann, con afán incansable busco a ese hombre; con ira creciente miro pasar las horas sin hallarlo, estas horas de vergüenza que dejan a mi hermana sin ventura, y a mí sin honor.

Grossermann

¿Tú sin honor? (Apoyando las dos manos en la silla, levantándose lentamente y yendo hacia Guttermann.) Pues, ¿qué es honor? ¿Tan miserable cosa es que lo destruyen la voluntad de un malvado y la impureza de una mujer? no, amigo, no: la deshonra es de la mujer y del malvado: tu honor está íntegro y puro. La deshonra es del villano que pone manchas de deseo donde hay vida de felicidad: de la mujer maldita, no de la débil, que cede a los halagos de una mezquina voluntad.

Guttermann

Fuera tan noble como el tuyo el juicio del mundo: no tendría tantos ejecutores la venganza.

Grossermann

¿El mundo? Pues, ¿qué es el mundo? Conjunto de creaciones impenetrables y divinas, no masa uniforme de almas que a tiempo juzgue, y ame y odie a un tiempo, ¡cuando a veces un alma sola (como respondiendo a su propia situación) batalla consigo misma entre odiar o amar! Si el mundo fuera verdad, la verdad no lo sería.

¡Es anarquía de mentes, confusión de juicios encontrados, conjunto informe, masa sin conciencia, tan temible, sin embargo, para publicar el daño ajeno (con dolor, como respondiendo a su propio temor) que, a marchar unido y a la vez, daría su obra espanto y vergüenza al mismo Dios! Luz hay, y no la vemos: ¿quién es, pues, el hombre? ¡Cárcel odiosa, condenación y tortura de sí mismo!

Guttermann   (¡Pudieran estas reflexiones hacerle olvidar de sus sospechas!)

Grossermann   El único mundo temible es nuestra propia conciencia, que de cerca nos mira, y de la que nada podemos esquivar. Obra bien, cumple bien, cumple tu deber, conténtate a ti mismo. ¡Necio el que se somete a aprobación o censura de los necios!

Guttermann   Luz divina se enciende en tu alma.

Grossermann   Igual luz que la mía está encendida en cada alma. Solo que los hombres mismos se la apagan con sus errores y placeres. Rayo es de Dios: claridad hermosa: adivinación de lo futuro. ¡Por ella, el dolor es costumbre benéfica, el sacrificio vida, el deber, necesidad, el amor gozado presunción del cielo, el amor perdido... ¡ay!... (cayendo de nuevo en su anterior dolor) el amor perdido es un presagio de los infernales sufrimientos!

Guttermann

De nuevo vuelves a tu idea fatal.

Grossermann

(Cuya exaltación va creciendo por momentos.) Pues, ¿cuándo se fue de mí? ¿Cuándo la olvidé yo? ¿Cómo pude yo olvidarme de esta bárbara idea? ¡No me ama Fleisch: vanas son para ella mi gloria y mi bondad; tinieblas esta luz que todos, menos ella, ven aquí encendida! ¿Qué memoria pudiera olvidar esto jamás?

(Como si no hablara ya con Guttermann.)

Guttermann

Sea mi certeza de tu engaño consuelo para ti.

Grossermann

(Volviéndose bruscamente y con ira a Guttermann.) Pero ¿que todavía me oyes? ¿Qué haces aquí? ¡Te he dicho que no quiero que me oigas!

Guttermann

Pero, ¿si Fleisch es honrada y fiel esposa tuya, a qué ese dolor?

Grossermann

(Exaltado a lo sumo.) ¡Honrada y fiel! Pues ¿quién te dice que no lo sea? ¿por qué dudas tú de que lo sea?

Guttermann

Antes quiero convencerte de tu engaño.

Grossermann

¡Si yo no necesito convencerme! ¡Si yo sé que ella es honrada! ¡Si nada quiero saber! (Guttermann va a hablarle.) ¡Déjame, ya!

(Y entra por la puerta primera de la derecha.)

Escena IV

Guttermann (Solo.)

Guttermann	Nada en estos instantes lograría calmarlo. Lucha él mismo entre lo que oyeron sus oídos y lo que desea su enamorado corazón ¡ay de él si llegaran a ver algo sus ojos! ¡mas llega Fleisch!

(Yendo hacia la primera puerta de la derecha.)

Escena V

Guttermann y Fleisch

Fleisch	(A tiempo que sale.) ¿Lo visteis ya?
Guttermann	Ya lo vi: habéis abierto honda herida en su confianza y tal parece que cada instante aumenta su dolor...
Fleisch	¿Qué va a ser entonces de él y de mí?
Guttermann	Cada razón mía moría en mis labios al nacer ahogada por su vehemencia. Preguntábame unas veces si lo queríais, si sabía yo que lo

honrabais, y de pronto, como arrepentido de que nadie más que él dudase de vos, erguíase iracundo, se retiraba confundido, ¡apartóse al fin de mí!

Fleisch

Y crece con sus dudas mi peligro: decidme una manera de arrancárselas.

Guttermann

¿Que no adivináis que él, que huye de vos, os busca con afán? ¿que él, que cree en su desventura, está ansiando no creer? ¿que ahora, que aún no os ha visto, no anhela más que veros? Id, id a él: que entienda que le buscáis, que os oiga decir que le amáis, que os vea enamorada y cariñosa: ¡Sin trabajo os creerá el infeliz! Él confiaba en vos infinitamente: no ha podido acostumbrarse todavía a creer que engañáis su confianza.

Fleisch

Haré lo que me decís: dejaré que temple un instante con la soledad la exaltación que le ha producido vuestro empeño: iré a él: ¡quiera mi buena fortuna que sea como decís!

Guttermann

Será: tiene el mísero necesidad de creeros. Y, miradlo, Fleisch, mirad de frente a vuestro esposo: Preguntaos cómo habéis podido engañarlo un instante. Avergonzaos de vos misma, ¡que el arrepentimiento no empieza sino en el horror y vergüenza de la culpa!

(Se va.)

Escena VI

Fleisch (Sola.)

Fleisch

Hiélanme las palabras de este hombre: de tal manera me reprende que no hallo en mí osadía que oponer a su serenidad. Yo querría no hacer sufrir a mi marido; yo querría hacerlo feliz: mas díceme tan dulces palabras el gallardo Possermann, quiéreme con tal ardor, que no sé cómo tendré yo fuerza para separarlo de este empeño: aquí le dije que lo esperaba esta tarde: (Yendo un poco hacia la primera puerta de la derecha) Grossermann se ha encerrado en su alcoba. Guttermann fue a ver su habitación: él vendrá ahora quizás ¡ojalá pueda yo alejarlo de aquí!

Escena VII

Fleisch y Possermann

Possermann

(Saliendo cautelosamente por la puerta del fondo.) ¡Fleisch mía!

(Yendo a ella con los brazos abiertos.)

Fleisch

(Con alegría y tendiéndole los brazos.) Helo aquí ya: en ti pensaba, aquí te esperaba...

(tristemente) mas... Possermann, vete al punto, no retardes el irte. Yo te amo, pero es imposible que nos amemos. Las sospechas devoran en este instante a mi marido: Él es para mí bueno y generoso: él me quiere también... ¡vete! ¡por mi salvación y por la tuya!

Possermann   ¿Que él te quiere? Quiere él como padre: no con este ardiente y poderoso cariño.

Fleisch   Mas Guttermann te ha visto...

Possermann   (Como sorprendido y contrariado.) ¡Guttermann!

Fleisch   (Con terror.) ¡Sí! ¿le conoces? ¡ay de mí, si te conoce él! Es el amigo mejor de mi marido.

Possermann   (Como si mintiera.) No, no le conozco.

Fleisch   Pero él te ha visto ya, él te vio cuando besaste mi mano, ¡él quiso correr esta mañana en pos de ti!

Possermann   (Apasionado en toda la escena.) Descuida, Fleisch. ¿Dices que quiere como hermano a Guttermann? En él está seguro nuestro amor. Él callará porque quiere a Grossermann, porque sabe que la confianza en ti es su vida...

Fleisch

¡Ah! ¡y lo engaño!

Possermann

¡No, amor mío, no lo engañas! me amas a mí, que te brindo juventud y vida en cambio de aquel cariño seco que te brinda su helada cabeza: no lo engañas: ámaslo a él como a padre: a mí que en ti bebo amores, a mí que ciego con el esplendor de tu hermosura, a mí que tiemblo a tu lado de delirio y de pasión, ¡ámame con suavísimo cariño, con dulce e infinito amor!

(Tiene tomadas las manos de Fleisch.)

Fleisch

(Desasiéndose de él, y mirando con terror a la segunda puerta de la derecha.) ¡Oh! ¡calla! ¡calla! alguien sale de la habitación de Guttermann.

Possermann

(Con brusquedad.) Nunca he de verte un instante en calma.

Fleisch

¡Vete, vete sin tardar!

Possermann

(Sacando una carta que da a Fleisch y ésta toma apresuradamente.) Presintiendo que no podría hablarte, aquí te he escrito y señalo lugar donde podremos vernos sin temor: (dispuesto ya a salir por la primera puerta de la izquierda:) léelo hoy, dime hoy mismo si allí podemos vernos...

Fleisch   Hoy, hoy lo leeré: ¡mas huye, huye, por Dios!

(Van hacia la puerta de la izquierda. Guttermann ha salido por la segunda puerta de la derecha.)

Possermann   ¡Lleguen pronto para nuestro amor días felices!

(Ya en la puerta.)

Escena VIII

Fleisch y Guttermann

Guttermann   (Al dar unos pasos en la escena repara en Fleisch y Possermann.) ¡Con él esta malvada, aquí con él!

Fleisch   (Que se ha vuelto al oírle e intenta detenerlo junto a la puerta.) ¡Teneos, teneos aquí!

(Todas sus frases con angustia.)

Guttermann   ¡Dejadme salir!

(Queriendo desasirse de ella.)

Fleisch   (Sin dejarlo.) ¡Yo os lo diré todo, todo lo sabréis!

Guttermann   (Con ira y sin poder desasirse todavía.) ¡Dejadme ya!

Fleisch   ¡Esperad! ¡esperad, por Dios! ¡ved que me perdéis! ¡ved que todo se pierde!

Guttermann   (Desasiéndose violentamente de ella, y como apartándola de sí.) ¡Dejadme, mujer infame! Piérdase aquí la honra de mi amigo: voy a traérsela limpia y pura

(Dando un paso que lo separa de la puerta, como yéndose.)

Fleisch   (De rodillas tendiendo los brazos.) ¡Teneos por Dios!

Guttermann   (En el umbral de la puerta.) Dios no oye a los viles: ¡Él me ayudará!

(Y sale.)

Escena IX

Fleisch (Sola.)

Fleisch   (Levantándose espantada.) ¡Dios mío!... ¡Va a buscarlo!... ¡Va a matarlo!... (Mirando hacia la puerta primera de la izquierda.) ¡Corre ya tras él!... (Con gran angustia y desaliento.) ¡Ay de Possermann si no ha saltado la tapia! (Como recogiéndose en sí misma.) ¡Por mi

culpa, por mi locura, por mi amor funesto!
Grossermann habrá oído... (Yendo hacia la
primera puerta de la derecha.) Vendrá aquí.
(Deteniéndose y mirando pero sin cesar de
hablar.) ¡Allí viene! ¡Dios mío! (Como si
huyera de sí misma.) ¡Piedad! ¡piedad para
mí!

(Desaparece por la segunda puerta de la derecha.)

Escena X

Grossermann (Solo.)

Grossermann   (Sale por la primera puerta de la derecha
como si viniera precipitadamente desde
adentro, creyendo que Fleisch estaba allí, se
para de pronto; mira por toda la habitación,
y dice como dudando.) ¡Me pareció que era
ella! Su voz en todas partes: ¡imborrable
ante mis ojos su adorada memoria! Nunca
me han parecido los suyos como ahora que
no miran para mí: ¡nunca vi tanta luz en su
frente como ahora que de mí la esquiva!
(En tono reflexivo.) Dable es que no me ame.
Frágil sería ella, y la fragilidad no es culpa de
los hombres... Mas que abandone mi amor
inmenso, leal, potente: que trueque esta vida
que le doy, alma que he dejado en su alma,
regocijo inmenso del espíritu, por liviano
deseo o grosero apetito... ¡eh! ¡idea vil! Si

no cabe en mí esta idea ¿cómo ha de caber villanía semejante en su corazón?

Ponen las almas fuertes a los humanos pies calzado de espinas: púsemelo yo, y anduve sin errores por las tinieblas de la vida. Luz se llama al extremo del camino, dolor la senda que a él conduce, amigo del dolor, que es fiel amigo, miré al Sol, sentíme fuerte, anduve, y la luz fue mi compañera, y el Sol altivo brilló en mí.

Engendro raquítico es en lo común el hombre. Yo me alcé de mí por mi propio poder. Ni ambición, que es miseria: ni soberbia, que es pequeñez: ni gloria, que es mentira, tuve yo. Tuve que, al abrir los ojos, vi error; tuve escasez, ruda y amorosísima maestra: tuve que me oprimían, y como el fuego comprimido estalla más violento, creció el fuego, abrasó mi corazón, encendió mis ojos: ¡vil!

Vi la debilidad, lo deleznable, la tiniebla. Miré a la tierra; miré con afanes. Bien la llaman en verdad: no había en ella más que tierra.

Y todo lo veía mi exaltable razón.

Yo amé a mi madre inmensamente, que era mi madre, y la amé falible y mujer.

Yo amé a mi padre, que era hombre, y lo amé errable y débil.

Nunca tuve desengaños, porque nunca tuve engaños. ¡Nunca tuve desilusiones porque no tuve ilusiones jamás! Mas hubo un día

en que unos ojos se fijaron en los míos,
ojos puros y serenos, ojos claros que dieron
celos al día. Sentí que mi cerebro se iba a mi
corazón; sentí que latía más la sangre en el
pecho que en la frente ¡sentí que amé!

Y cuando en brazos de esta ilusión
encantadora me alzaba de la vida, cuando
creía una vez, la ilusión se rompe; el amor
me engaña, los brazos se abren, y caigo
manchado de error, a esta tierra que olvidé.

¡Bien, bien a fe! Hombre fui creyente y necio:
¡sufra yo, ser mezquino, los mezquinos
dolores del hombre!

Tú, alma, llega. ¿Quién era que te dejaste
vencer? Si carne, ¿por qué la amaste? Si
impura, ¿por qué no viste? Ciega eres, o
carne también.

Tú, ser, oye. «Tú eres Dios, me decías;
Dios encadenado, Dios preso. Dios caído:
¡rompe el hierro, escala el cielo, sube, sube!,
tú bajaste de él.» Y subía, subía con ardor,
herido y ensangrentado subía; y porque creí,
porque amé, porque gocé, tú, ser; ¡vuélveme
al hierro maldito, a la prisión odiosa, al
humano dolor!

Si Dios ¿por qué no veo? Si hombre ¿por
qué concibo a Dios? ¡Ea, cráneo! ¡rómpete!
¡cárcel de la razón, montón estúpido de
huesos: polvo y cal!

(Y da precipitados pasos y se sienta en el sillón, mientras aparecen por la segunda puerta de la izquierda Guttermann y Fleisch, como si trajeran de dentro diálogo vehemente.)

Escena XI

Guttermann, Grossermann y Fleisch

(Sin ser notados por Grossermann, que sigue como abismado en su sillón. El diálogo tendrá lugar cerca de la segunda puerta de la izquierda, viva y rápidamente.)

Fleisch   ¡Oh! ¡Callad, callad!

(Sin reparar en Grossermann.)

Guttermann   (Señalándole a Grossermann.) ¡Callad vos ahora! Grossermann está allí vedlo; atormentado, extraviado, loco, vedlo; ¡sin esperanza, sin honor! (Movimiento de Fleisch para hablar. Guttermann repite con energía aunque siempre en voz baja.) ¡Sin honor! Saltó ese hombre la tapia a tiempo tal que ya no lo hallé: con él se iba vuestra vergüenza, la de Grossermann, la mía: ¡encomendadlo a Dios, si os oye! Aquí vendrán por mi mano limpias y puras las honras que vuestra liviandad mancilla; mas si aún sois capaz de honrado intento, dad calma a ese infeliz. Mentidle, si ya no cabe en vos amor, mas distraedle de su bárbaro penar.

Fleisch   ¡Ah! ¡pueda yo lograrlo! ¡Oídme luego! Vos también me escucharéis.

Guttermann   (Rechazando con repugnancia la idea.) ¡Yo! ¡hablad, hablad a Grossermann! Buscadme después.

(Se va por la puerta del fondo.)

Escena XII

Grossermann y Fleisch

Fleisch   (Nada al menos dirá a Grossermann. Yo le avisaré del peligro; yo le pediré que se aleje de aquí. No lo conoce este hombre, mas el peligro de hoy renacería cada vez que nos viéramos.)

(Oye a Grossermann que habla y adelanta unos pasos hacia donde está, y se para.)

Grossermann (Sentado sin reparar en ella y con desaliento.) Mía es su alma, decíame yo locamente, y el regocijo vivía en mí. ¡Ya no es mía, ya no me ama, ya no tengo donde me quepa mi dolor! Mas... si solo me ocultaba sencillez qué hago yo grave con mi necio temor, ¡si me quisiera todavía! ¡Ah!, ¡no! ¡no! (Desechando su esperanza.) ¡No me quiere ya! preguntárame que sufro; no huyera de mí: ¡aquí viniera a calmar mi dolor! ¿quién huye del que ama? anda, y se detiene: «La culpa huye». Si me amara vendría. ¡Pero me deja solo!

Fleisch

(Que se ha ido acercando por un lado al sillón, de modo que al decir la última frase Grossermann, le dice ella muy cariñosamente, y poniendo una mano en su hombro con amor; no exagerado.) ¡Solo! ¿En qué piensas?

Grossermann

(Saltando del sillón rudamente sorprendido y haciéndose atrás.) ¡Eh!... ¡Eh!... (Yendo hacia ella y con gran vehemencia.) ¿Me amas? ¿Me amas? (Fleisch queda como confundida por este exabrupto; él dice naturalmente, mas con dolor.) En ti, en ti pensaba; en ti que me amaste; en ti que fuiste luz de mi alma, mujer mía.

Fleisch

¿Y ya no?

Grossermann

¡Ya no! Ya eres mujer. Mujer pura es ángel... mujer caída por seducción es ángel todavía. Mujer envilecida por su voluntad, mujer manchada por el deseo, ¡es carne, es polvo, es fango, es vil!

Fleisch

Y, ¿piensas tú eso de mí? ¡Ay! Yo creí que algún día no me amarías: pero nunca creí que me ultrajaras.

Grossermann   ¿Que te ultrajé? Perdón: yo no quise
ultrajarte. Pero la criatura engañada, el
ánimo devorado por una bárbara sospecha,
no ultraja aunque ultraje, no ofende con
ofender. Es que el alma alzada al cielo de
la venturosa confianza y súbito caída por
engaño traidor a las realidades de la tierra...

Fleisch   ¿Que yo te engaño?

Grossermann   ¿Que lloras? Oye: a mí me han dicho que
las mujeres lloran cuando quieren. ¿Es esto
verdad? No, no lo es. Mujer era mi madre
y lloró: ¡no crea yo nunca que mi madre
envileciese al llanto! En ojos de mujer, ¿qué
cosa viste tú más bella que las lágrimas de
amores, que lágrimas honradas y sinceras?
¡Llora: llora! Así, aunque me engañes, creeré
que no me has querido engañar. Así, aunque
no me ames, creeré que te arrepientes de no
haberme amado. (Sentándola.)
(Con tono de débil esperanza.) Yo hacía de ti
mi vida; de ti hice yo necesidad y adoración:
confiado en tu afecto, dábame por ti con
alegría a los más rudos y afanosos trabajos.
«Espéranme, decíame yo con regocijo,
los brazos de mi amada esposa: cuando
ella sepa que he hecho este bien, que he
alcanzado esta gloria recibiráme en ellos
con entusiastas alegrías, dará a mi frente
con sus besos suave y enamorado calor.»

Fui por ti más laborioso; por ti mejor, por ti
más afectuoso y caritativo: para que tú me
amaras, parecíame poco lograr los intentos
de todos los hombres, todos los triunfos de
este mundo: por ti creí menos en Dios, por ti
amé yo la gloria, que es la más necia de las
creaciones de la tierra, porque con el amor
de todos los hombres te quería a ti yo.

Fleisch   (¡Ay de mí!)

Grossermann   Y cuando a ti venía en busca de caridad y
de ternura, cuando abrumaba mi espíritu
historia fatal, ¡historia de fuego que me está
abrasando la frente! cuando hubiera deseado
hallarte más cariñosa...

Fleisch   (¡Necia de mí!)

Grossermann   Te hallé fría a mi ardor, inmóviles tus brazos,
inquieta y sin sosiego como si ansiaras
desasirte de mí.

Fleisch   ¡Si es que tus celos exaltados ven cuerpos en
la sombra!

Grossermann   Y me dijiste que no entibiaban en mí los años
el ardor...

Fleisch   Díjelo solo...

Tú lo dijiste... Tú, que decías que me amabas tuviste tiempo para pensar en que yo tenía años. Tengo yo canas. Cuarenta veces en mi vida he visto cómo los árboles, compadecidos en el invierno de la tierra, le envían para protegerla del hielo sus hojas secas y marchitas: cuarenta veces he visto tornarse a la primavera las hojas caídas en flores hermosísimas, porque eran hijas del agradecimiento y de la luz: cuarenta veces ha abrumado mi frente el peso sombrío de la melancólica atmósfera de otoño: ¿pero entiendes tú un espíritu tan potente que anime con su fuego las entrañas heladas del invierno, que rompa por encima de toda pesadumbre, que doble con su peso el cuerpo que lo aprisiona y que lo encierra?: ¡ése es mi espíritu! ¡El cuerpo cada día se me hunde: el alma, más libre cada día, es por instantes más enérgica y alta! La nieve de mis canas no es la ceniza que deja el fuego al morir; es la capa blanca que rodea al hierro ardiente y encendido. Eres bella; yo no te amaría si la belleza no fuese lo menos hermoso de ti, si las flores perdurables de tu alma, porque, aunque no me ames, ¿tú serás pura? ¿verdad, luz mía, que tú serás siempre pura? no valiesen más, mil veces más que esas flores perecederas de tus mejillas. ¿No estás pálida, verdad, tú no estás pálida? ¡Desventurada tú, desventurada la mujer en quien la belleza de las formas es la prenda mejor! ¡Barro

innoble, carne muerta, carne imbécil! carne
serías tú si no entendieras estas sombrías
exaltaciones de mí alma.

(Alzándose bruscamente del escaño.)

Fleisch   (Afectando amargura.) ¡Ah! ¡Grossermann!
                   ¡Solo lo grande de tu dolor disculpará tanta
                   injusticia para mí! (Levantándose.) Tú
                   consolaste mi soledad...

Grossermann   (Creciendo en ansiedad a cada pregunta.)
                   ¿Verdad que la consolé?

Fleisch   Tú fuiste padre, hermano, esposo
                   enamorado...

Grossermann   ¿Verdad que lo fui?...

Fleisch   (Creyendo que él la cree.) Débote la paz de
                   mi vida, el bienestar de que gozo, la calma
                   que disfruto...

Grossermann   ¿Verdad que sí?...

Fleisch   Débote amor tan grande que nunca lo vi
                   igual...

Grossermann   Sí, verdad, verdad... (Irguiéndose.) Pues si
                   todo eso es verdad, ¿por qué no me amas?

(Con desesperación.)

Fleisch   (Afectando energía.) ¡Injusta idea que ya ni
                     quiero rechazar! ¿qué gozas en atormentarte?
                     ¿que pierdes la razón?

Grossermann   (Con dolor al principio y un vehemente
                     acento de pasión en el resto de estas frases.)
                     ¡Ah! ¡no! ¡no! Es que te pierdo, y lucho
                     desesperadamente por retenerte, porque tú,
                     mujer amada, adorada criatura, ser que se
                     hizo mi deseo fantástico y divino, ¡tú eres lo
                     único de la vida que yo no quisiera perder!
                     Dime, dime que me quieres, dime que el fuego
                     de mis ojos enciende en tu alma ardiente y
                     vehementísimo cariño, dime que me amas...
                     ¡aunque no sea verdad! (Con acento de
                     súplica apasionada:) mas que lo sea... que
                     no me engañes... que no olvides tú con qué
                     pasión inmensa en ti se fijan mis ojos, con
                     qué enamorado regocijo te miro, te estrecho,
                     te hablo, y me parece que lentamente, gota a
                     gota, instante a instante se me va llenando de
                     cielo el corazón! (Con viveza:) verías tú cómo
                     no hay mayor felicidad que esta honrosa
                     ventura, esta dulce confianza, esta inefable
                     delicia del santo y lícito amor. Verías tú con
                     qué dulcísimo contento...

(En el entusiasmo de estas frases, Grossermann se ha acerca-
do completamente a Fleisch, y al llegar a esta frase, mira su
pecho, ve un papel, y súbitamente herido por duda más ruda

que nunca se echa para atrás estupefacto, como no queriendo creer...)

Fleisch	(Con acento de ternura.) ¿Qué tienes? ¿Por qué no me hablas? ¡Si vieras cuánto me gusta oírte hablar!...
Grossermann	(Un papel...) (Como absorto.) Fleisch, Fleisch.
Fleisch	(Con solicitud extrema.) ¿Qué, qué es?
Grossermann	Tú tienes... un papel.
Fleisch	(Aterrada y llevando como sin poder evitarlo la mano al pecho.) Yo... yo... yo no tengo papel alguno.
Grossermann	(Con ira y como yendo a tomárselo.) ¿No? ¿no? (Afectando calma.) Me pareció que tenías un papel. Dime: ¿sabes tú la historia de Frank?
Fleisch	No. ¿Por qué hablarme ahora de ella? ¡Háblame de ti!
Grossermann	¿No la sabes? es una historia de que se burla mucha gente, que hacen sin sentir muchas miserables mujeres. (Con ira mal disimulada.) ¿Me engañarías tú a mí? (Fleisch baja la cabeza confundida.) Pues su mujer engañó a mi amigo: mira tú, mira tú si es torpe y vil.

(Pausa: Fleisch no habla.) Frank la amaba. Frank la amaba como yo te amo, y cuando se ama, así, las sospechas caen en el alma como fuego voraz, los pensamientos se aglomeran en tumulto, la razón se olvida, el amor se acaba, la ira empieza... ¡Mujer, dame ese papel!

Fleisch   Si yo no tengo papel alguno, si es sueño de tus celos.

Grossermann   ¡Mientes! Hermana infame es la mentira de la culpa. Dime ¿no sientes que la vergüenza te ahoga, no te desprecias, no te mueres delante de mí? Mírame, mírame bien, yo fui quien consoló tu soledad. (Tomando la mano de Fleisch, que a cada frase vuelve la cara como para alejarse de él.) Yo fui tu padre, tu hermano, tu esposo enamorado; tú me debes el bienestar que gozas, la calma que disfrutas; tú me debes amor tan grande que no tuvo jamás amor igual: yo te hice mi compañera. (Fleisch vuelve el rostro como si quisiera no oírlo.) ¡Mírame! yo te di bienestar, consuelo, calma, paz; yo te di mi alma, yo te di mi honra: ¡mírame!

Fleisch   (Como intentando, pero sin violencia, desasirse de él.) ¡Oh! ¡me martirizas!

Grossermann   (Sin dejarla.) ¡Mírame! (Dejándola bruscamente y alejándose unos pasos de ella.) Mas no; no me puedes mirar: ¡el fango no tiene ojos, el fango no se levanta de la tierra! (Volviendo precipitadamente a ella.) Tú, un papel que me ocultas. (Con calma forzada.) Dámelo.

Fleisch   (Siempre confusa.) ¡Si es locura de tus dudas!

Grossermann   (Creciendo a cada frase en ira.) Mira que la sangre se me agolpa a los ojos.

Fleisch   Si sueñas...

Grossermann   Mira que la razón se va de mí.

(Yendo a ella e intentando quitárselo.)

Fleisch   (Resistiendo no demasiado.) No, no lo tengo.

Grossermann   ¡Dámelo! ¡Dámelo!

Fleisch   (Que defiende con sus manos el pecho.) ¡Oh! me haces daño...

Grossermann   Dámelo.

(Cae el papel al suelo.)

Fleisch   ¡Ah!

(Y se echa de rodillas sobre él. Grossermann va a lanzarse sobre ella. Entra Guttermann precipitadamente por la puerta del fondo.)

Escena XIII

Grossermann, Guttermann y Fleisch

Grossermann	(Volviéndose bruscamente a él.) ¡Eh!... ¡Eh!... ¿qué quieres? (Volviéndose al público y afectando calma.) No... no... no es nada... ésta que se ha conmovido. (Volviéndose a Fleisch con ira.) ¿Verdad que te has conmovido? Sí, Guttermann, con la historia de Frank. (Guttermann alza a Fleisch.) ¡Historia cruel, historia tremenda y fatal! (Volviéndose a Guttermann.) Dime, ¿qué hizo Frank al amante de su mujer?
Guttermann	(Con asombro y reconvención.) ¡Grossermann!
Grossermann	(Con ira e insistencia.) ¿Qué hizo Frank al amante de su mujer?
Guttermann	(A él de la mano, y mirándola a ella, como si no hubiera querido responder.) ¡Lo mató! (Movimiento de terror y súplica al cielo, de Fleisch. Grossermann se adelanta a un lado de la escena, como recogido en una idea, y se

dice a él mismo con voz sombría.) ¿Conque...
lo mató?...

Cae el telón

Acto III

Escena I

Guttermann (Solo.)

Guttermann   ¡Aquí, aquí el villano! ¡Día terrible éste en que parece que todas las desgracias se reúnen! ¡Brazo mío, ni miedo ni parar! Un miserable esquivó tu furor y me ultrajó: a él iremos a buscar mi honra: pediréle primero la ventura de mi hermana, que vale más la ventura de la manchada que la ruda venganza de la mancha. Si una vez me la niega, yo se la pediré otra vez, y si dos veces la negara, ¡caeré sobre él con ira tanta que allí quede ejemplo de villanos y castigo de mi baldón! Aquí estuvo, conócenlo en la ciudad, aquí lo han visto. Dícenme a más que ha días ronda las cercanías del jardín: nueva seducción proyecta quizá: otra desventurada mujer le dará a estrujar su alma: ¡Boa infame, chupará y arrojará luego sin vida otro incauto corazón! ¡Ser, ser creador, si ves esto y no lo estorbas, si miras esto y lo consientes, si miras tranquilamente cómo goza la maldad, maldito y execrado sea tu ser! (Rápidamente.) Mas no, no lo consientes: haces la tentación y haces el cielo:

los enseñas al hombre y el hombre elige: el que elige la tentación es el maldito.

Den mis iras espacio a aliviar la desgracia de mi amigo. Pues aquí está, aquí lo hallaré. Consuele yo hoy a Grossermann, a este hermano de mi alma: luego buscaré al que me infama, y, sombra o rayo, si aquí vuelve, ¡aquí hallará castigo el que lo infama a él! Cegué de ira esta tarde cuando vi a ese hombre al lado de esta infame mujer. ¡Cegara yo antes de verlo! Mas con rapidez tal huyó, que ni a saber quién era alcanzaron mis esfuerzos: ¡no huirá, si vuelve! ¡Si fuera...! no, no puede ser; él sabría ya que aquí vivo, y huiría desatentado de mí: no puede ser él.

Escena II

Fleisch y Guttermann

Guttermann	(Que al volverse encuentra a Fleisch que ha entrado por la puerta primera de la izquierda, con asombro y disgusto:) ¡Fleisch!
Fleisch	¡Ah! ¡Guttermann! ¡No os imagináis con qué ansiedad angustiosa espero que le habléis!
Guttermann	Y ¿a qué venís a mí?
Fleisch	¿Qué, vos también, el único que puede ampararme, me rechaza?

Guttermann

Pues ¿no os rechazáis vos misma? ¿Qué extrañáis que os rechace yo?

Fleisch

¡Nunca juzgué tanta mi desventura!

(Llorando.)

Guttermann

¿Lloráis ahora de terror, después que os mancillasteis con la falta? ¡Valiera más que hubierais llorado de vergüenza antes de haberla cometido!

Concertado está el engaño; mas no engaño yo por vos a Grossermann; engáñolo por él, por cariño de hermano hacia esa alma tan noble que os ha cegado con su resplandor. Hallado el medio ¿qué me queréis ya? Por él velo, por él velaré siempre; ante él, nada más que ante él, seré siempre lo que fui para vos. Ahora, recogeos en vos misma: llorad, si os place, que toda una existencia de lágrimas no basta a redimir un alma de tan liviana caída como la vuestra. Y oídme: sombra dijisteis esta mañana que era el que os hablaba: sombra pudo ser el que escapó hoy a mi ira.

Si la sombra de un hombre hiere una vez más aquí mis ojos, sé yo terrible manera de matar a las sombras. Con la vida del que se lo ofenda, sabré yo sellar el respeto infinito que debéis a Grossermann. Quedad en paz.

Fleisch   (Con terror al oírlo.) ¡Oh! mas aguardad...

Guttermann   Nada aguardo ya. Preparada una vez esta comedia que ha de dar a Grossermann mentida felicidad, ni os conozco, ni os amo. Siento frío ante vos. Siento dolor, zozobra, ira. ¡Siento que me abrasa el rostro esa vergüenza irritada que enloquece a mi amigo, y salta de sus mejillas a las mías! (Movimiento de Fleisch para hablar.) Quedad en paz, si la hay todavía para vos, y en ella, no olvidéis de cuán terrible manera sé yo desvanecer las sombras.

(Se va por la segunda puerta de la derecha.)

Escena III

Fleisch (Sola.)

Fleisch   Sin misterio me amenaza: sin compasión me hiere: ¿qué no merezco yo? Por instantes crece, más cada vez me espanta la angustia de mi situación. Mi turbación, aquella carta funesta, me vendieron; mas si ve a mi esposo Guttermann, si hay en su alma todavía una senda abierta a la esperanza, si no duda de él también, aún puede volver a mí la calma que tan rápidamente me dejó. ¡Ocultos están largo tiempo la traición y el engaño, mas una vez sospechados, tienen para ser descubiertos rapidez asombrosa, alas malditas!

Yo no sé qué es de mí, no sé qué extraño dominio me sujeta el lado de Grossermann: «Esposa, me dice, mías sean las venturas de tu alma». «Mujer, me dice Possermann, mujer divina y encantadora, mía sea la flor de tus amores, mía siempre la hermosura de tu ser.» Paréceme el uno tarde severa y nebulosa: día el otro de espléndida luz. No sé qué misterioso poder me encadena a mi marido. No sé qué loca voluntad me aleja de él. Quiero a veces apartarme de Possermann, huirle; a ello me decido, para ello lo busco; mas viene, me mira, lo miro, y ¡ya no puede ser!

Días ha leíame Grossermann un libro en que sostenía una mujer lucha igual, en que así combatida, en ella se devoraban los afectos sin poderse vencer. «Mira, me dijo ¿ves tú esta mujer? Yo la llamaría tiniebla.»

«¿Por qué?», le pregunté. «Porque el ansia de la carne la arrastra y la luz de su esposo la ciega.» «Vive en mí, Fleisch», me dijo entonces: «¡sé tú mi claridad, mi luz, mi fe!». Y me abrazó a su pecho, me miró luego con suprema delicia, puse yo mis labios en los suyos, y él los alzó a mi frente y me dejó en ella beso prolongado, ardiente, grave. ¿Por qué me besó en la frente y no en la boca? ¿Seré yo la tiniebla que él decía?

Mi marido me rechaza, su amigo me avergüenza, ese hombre a quien amo me abandonará tal vez... (Voz de adentro: ¡Guttermann! (Volviéndose como si hubiera oído ruido hacia la primera puerta de la derecha.) ¡Dios mío! ¡Grossermann! ¡Hacia aquí, hacia aquí viene! (Con desaliento.) ¡Mis pies no me oyen: aquí me clava mi culpa: mas Guttermann no le ha hablado, el dolor lo exalta, fiero estallará al verme... No... no es posible que me quede! (Yendo hacia la segunda puerta de la derecha.) ¿Dónde encontraré valor?

Escena IV

Guttermann y Fleisch

Guttermann   (Saliendo rápidamente por la misma puerta como si viniera a buscarla.) ¡En el arrepentimiento, en vuestra culpa propia, en esa alma inmensa que estáis arrebatando a la vida!
Él llega, id y llorad: llorad eternamente, que toda una vida de vuestro llanto no vale una hora de su dolor: llega: ¡venid!

(Salen por la segunda puerta.)

Escena V

Grossermann

Grossermann   (Sale por la primera puerta de la derecha.)
¡Tampoco está aquí Guttermann! ¡Solo, todo solo, y muerto y frío todo desde que ella ha muerto para mí! Consúmase mi llanto al fuego de mis ojos: ahora ¡estos ojos estúpidos no saben más que llorar! ¡Que no me amara!... ¡bueno! Yo me amaría. Pero, que otro la acaricie, que otro la ame, que ponga otro sus labios donde yo puse los míos... ¡oh, no! ¡no puede ser! ¡estarían negros!
Yo viví, alenté, trabajé por la felicidad de aquella vida ingrata; yo le di mis alegrías, yo le oculté mis penas; yo hice de su existencia bienaventuranza y claridad; ¿y ella acaricia, abraza, besa a otro hombre, mientras yo le daba vida, sueño, aliento, amor? Fuera que la tierra toda era desgracia, ¡que la tierra entera se hubiera desplomado sobre mí! si fuera así, si es ciega la ventura y alza en brazos al infame y hunde en bárbaro dolor a los justos, ¿quién es Dios? Injusto, no: no puede ser: ¡vale más pensar que sería loco!
Y en este rudo penar, en este devorar de pensamientos, en este acariciar y desechar las ideas ¡huyen de mí la calma fría, la razón pequeña, la miserable esperanza, y yo

que no vi antes más que tierra en la Tierra,
mírola ahora toda negra y sombría, llena de
tinieblas y de sangre!

Sangre, que es vida, vida en la Tierra, vida
de uno. Mis ojos avarientos, abarcaban de
una mirada el mundo, y otros mundos, y
más; y la vi, y los puse enamorado y loco en
ella... ¡donde yo puse los ojos, no caben ya
más ojos que los míos!

Esperanza risueña, engaños claros,
traiciones temidas, confianza, desconfianza,
horror, amor: esto, en mezcla horrenda, en
caótico revolver, en encontrarse y luchar y
devorarse, ¡esto es dudar!

Y querer, y querer a mujer, y guardar toda
una vida para amar y amar con todo el
vigor de una existencia, y vivir en el cielo un
día de ventura y caer del cielo rudamente,
mirar a la tierra en la caída, luchar con el
aire, combatir cayendo, volver desesperado
las manos a la perdida luz, ¡esto es dudar,
ésta es mi duda horrible, éste mi espantable
combatir! ¡Combato, lucho, me agito, lloro,
muero! ¡No! ¡vivo! Vivo como nunca viví,
vivo de lucha y de dolor; porque muero,
vivo, que nunca está el hombre más cerca de
la vida, que cuando está cercano su morir.

Recuerdo que me amaba; fínjomela como
en días risueños complaciente y afable,
fínjomela casta, mía me la finjo, y, cuando
a la dulzura de esta imagen tiéndense a ella
mis brazos amorosos, dudas, preguntas,

temor de mancha, iras indomables álzanse
rugiendo en mí, y ahogan mi deseo y
endurecen mis brazos, este ir y venir y caer y
levantarse de bárbaras ideas.

¡Lucha eterna entre la razón y las pasiones!
¡En vano es que una razón severa se prepare
para combatirlas, en vano que las espere con
vigor, locura luchar contra ellas! Vienen, y
encienden, y devoran: llegan, y alientan, y
matan; y apenas laten en el pecho, álzase
con ellas este hombre, fiera que duerme
escondido en el fondo del hombre; y crece
en una hora más que en una vida el hombre,
y salta del humano ser, ¡y lo destroza y lo
desgarra a su terrible despertar!

Así despierta en mí; así me devora, así se alza;
¡ruja, vuele, arrase, mate, si mata! ¡Ni yo lo
hice, ni yo lo despierto, ni yo he de responder
de lo que él haga!... ¡Reflexión, calma, paz,
todas estas fortalezas que amontoné yo para
mi vida, todo este dominio en mí, todas las
fuerzas de mi razón, caen heridas a manos del
agostado amor de una mujer! ¡una debilidad
pierde una vida! yo, hombre, ¡muero a manos
del hombre! ¡Ser flaco, ser flojo! ¡cae siquiera
como Luzbel, ya que subiste como Dios!

Guttermann calla, calla esa triste, todo calla:
¡ay de todos cuando me olvide enteramente
de mí mismo! ¡ay de mí! ¡ay de...!

Escena VI

Guttermann y Grossermann

Guttermann   (Que entra por la puerta más cercana a tiempo de cortar la frase de Grossermann) ¡Sin tregua exaltado!

Grossermann   ¡Eh! ¿qué quieres?... Pensaba en mí, pensaba en que todo favorece a la traición, en que todo me engaña, ¡en que me engañas tú!

Guttermann   ¿Yo?...

Grossermann   ¡Tú!... Dime: figúrate que yo sé dónde está el hombre que sedujo a tu hermana...

Guttermann   ¡Grossermann!

Grossermann   Figúrate que lo conozco, que lo he visto...

Guttermann   ¿Que lo has visto?

Grossermann   Figúrate que sé de él casa, lugar, nombre, todo lo que a tu honra falta, todo lo que necesitas saber...

Guttermann   ¡Dilo, dilo!

Grossermann   ¡Figúrate que nada te quiero decir!

| Guttermann | Pues di, desventurado, ¿si todo lo sabías, por qué callaste? |

| Grossermann | Pues di, desventurado, si me miras morir, ¿cómo es que callas?... Porque tú lo ves, tú ves a Fleisch, tú lo sabes todo: infame es el amigo que permite a su amigo la deshonra: ¿qué sabes tú? |

| Guttermann | (En tono de reconvención.) Sé que te vas volviendo necio; sé que raya en extravío tu loca exaltación... (¡Pobre ardid de la sospecha! ¡nada sabía el infeliz!) |

| Grossermann | ¡Ah! ¡Sí! Es verdad: ¡más que loca, más que tinieblas, más que horror! |

(Sentándose en el sillón.)

| Guttermann | (Tal parece que puso la fortuna empeño en serle favorable esta vez: ni él leyó la carta, ni nada de ella me dijo: ni ha visto a Fleisch después; séale, pues, consolador, este engaño mentiroso; sea tregua a su pesar, mientras esa mezquina criatura lo despierte con nueva traición.) |

(Dirigiéndose a él.)

| Grossermann | Y todos lo sabrán, y todos lo contarán, y yo, yo solo no lo sé. (Levantándose y yendo |

hacia Guttermann.) Tú has ido a la ciudad:
tú has visto a mis amigos: alguien te habrá
hablado: ¿qué te han dicho de mí?

Guttermann   (Haciéndose extraño al suceso.) ¿Que qué
me han dicho?

Grossermann   (Con vehemencia creciente.) Sí... ¿qué te han
dicho? porque ahora dirán cosas diferentes a
antes; tiene la murmuración lengua de rayo:
¡todo el mundo lo debe saber! ¡Habla! ¿Qué
te han dicho?

Guttermann   Pero, ¿qué es lo que todos deben saber? ¿qué
te agita así?

Grossermann   Pues, ¿no la viste a mis pies? Pues, ¿no lo
sabes tú? ¡Ah! sí: era desgracia mía. ¿Cómo
era posible que no la viesen los demás? Y
¡con qué infame placer ven caer al fuerte los
caídos! ¡Con qué villano regocijo gozan las
almas miserables en la desesperación de aquel
cuya calma envidiaban! ¡Cómo gozarían
ahora en mi tormento los viles de la ciudad!
¡Gocen, rían! Si ante mí ríen, ya no reirán
jamás; y si me escarnecen, si se mofan...
¿qué, alma? ¿que te vuelves mezquina con
las ajenas mezquindades? Si ríen, ¡rianse! La
deshonra es del que deshonra a los demás. En
este supremo dolor, en este agudísimo penar
que compendia los infiernos, el deshonrado
no es el que lo sufre, ¡el que lo provoca! El

deshonrado no es el que escogió a una mujer
para su mujer, y le dio el lustre del nombre
y el calor de su hogar, y el producto de su
trabajo y todas las solicitudes de su vida al
que todo esto arranca por el apetito estúpido
de carne, la envilecida criatura que deja que
en sí sacien el repugnante deseo; ¡ésos, esos
viles, nada más que ésos son los deshonrados!
el marido noble, confiado, engañado, ¡no!
¡éste tiene la honra íntegra y pura!

Guttermann   ¿Que el tuyo te falta? ¿Que de nuevo dudas?
¡Nada quiero saber, nada sé de lo que estás
diciendo!

Grossermann   (Con ira.) ¿Nada?... ¿nada? Pues yo voy
a decírtelo: ¡óyeme bien! Era una casa
venturosa; las almas se parecían al cielo: los
cuerpos estaban enamorados de las almas.
Eran un honrado marido y una honradísima
mujer. Y una vez, cuando oscurecíase el cielo
de su brevísima ventura, cuando nublaba
fatal sospecha la paz que un día logró ¡y era
el día primero de paz de su vida!... el marido
hablaba con la mujer, la mujer temblaba ante
el marido, contábale una historia de esposa
criminal, quiso ella desasirse de él, quiso él
sujetarla a su furor, cayó carta culpable del
seno de la esposa, lanzóse a ella el marido,
cayó la mujer sobre la carta como sobre
la vida que se le escapase cayera, ¡por qué
estas infames necesitan aún la vida! sobre el

papel arrodillóse, cubriólo con su cuerpo, lanzóse él a ella... y, a no entrar importuno personaje, ¡allí hubiera la razón extraviada del esposo cometido espantable violencia!

Guttermann

(Tomándole de la mano y adelantándose con él al centro de la escena.) ¿Era yo el personaje importuno?

Grossermann

(Como arrepentido de haberlo dicho.) ¿Tú?

Guttermann

Sí: ¿era yo?

Grossermann

(Como vencido.) ¡Tú eras, tú!...

Guttermann

¿La mujer, tu mujer?

Grossermann

¡Ella era... ella!

Guttermann

¿Tú, el marido? ¿Suya la carta que alcé del suelo donde tu indomable carácter la arrojó?

Grossermann

¡Aquélla, aquélla era la carta!...

Guttermann

(Dejándole la mano.) Pues, necio, ¿y si dudas de tu esposa sin razón? ¿Si es Fleisch inocente?

Grossermann

(Con alegría y duda y temor y sorpresa mezclada.) ¡Inocente!

Guttermann   Y ¿si era esa carta patentísima prueba de
                    cariño para ti?

Grossermann   ¿Que me ama? ¿Que la carta no era de un
                    hombre? A ver... a ver... dímelo otra vez.

Guttermann   Fiel es y honrada como siempre fue, si te
                    ama...

Grossermann   (Con explosión de alegría.) ¡Si me ama!
                    (Como reflexionando.) Puede ser verdad...
                    (Exclamando.) ¡Ah!, ¡sí! ¡debe ser verdad!
                    ¡Solo una alegría tan grande podría venir tras
                    tan grandes dolores! Si la noche es tan negra
                    para que el día sea más claro: ¡la duda es tan
                    terrible porque sea más venturoso el amor!
                    Pero ¿estás tú seguro? ¿tal que desaparezca
                    mi dudar, tal que ni la sombra de un
                    recuerdo de traición me exalte otro día, tal
                    que todo sea para mis ojos ansiosos espacio
                    clarísimo, ventura y claridad? Que esa carta
                    no era de un hombre... que es inocente... Tú
                    me engañas... tú me consuelas... ¡Torpe! mi
                    razón puede morir en esta lucha: ¡mi alma
                    no!

Guttermann   ¡No se consuela de un dolor imaginario! Yo
                    sé por qué tu esposa ocultaba aquella carta;
                    yo he visto lo que te digo.

Grossermann   Sí, ¿dónde, cómo, dónde lo has visto?

Guttermann   Donde sin tus locas iras lo hubieras podido tú
                    ver: en las leales manos de tu esposa.

Grossermann   ¡Leales!... ¿Mentirías tú? Tú sabías de quién
                    era, qué decía, por qué me la ocultaba... a ver,
                    tráemela, dámela... ¿qué esperas? ¿por qué no
                    me la has dado ya?

Guttermann   Esa carta era un peligro para ti. Tus palabras
                    iluminan al pueblo, y tú sabes cómo no
                    descansan en perseguirte los señores...

Grossermann   Pero esa carta...

Guttermann   Esa carta debe ser suya. Tu popularidad y el
                    amor que en la ciudad te tienen los estorba.

Grossermann   Pero ¿qué decía?

Guttermann   En esa carta se excitaba tu honra y te
                    llamaban a lugar arriesgado de modo tal que,
                    leída por ti, no hubiera tu valor imprudente
                    oído la razón.

Grossermann   Y ¿Fleisch?...

Guttermann   Fleisch arrostró tus iras y tu sospecha sin que
                    pretendiera un instante sincerarse, porque su
                    sinceridad era tu riesgo.

Grossermann   Pero ¿es eso verdad?

Guttermann   ¿Cuándo mentí?

Grossermann   ¿Que era amor lo que yo juzgué un engaño?

Guttermann   Ya ves cómo ha arrostrado tus iras por salvarte...

Grossermann   Qué ¿no me engañas?

Guttermann   Como es fiel...

Grossermann   ¿Verdad que es fiel?

Guttermann   Como es honrada...

Grossermann   ¿Verdad que lo es?

Guttermann   Como es pura, como es inocente, como siempre te amó.

Grossermann   (Hablando al mismo tiempo que Guttermann y con acento de convicción.) Sí, sí, si me ama, si es inocente, si yo lo creo, si es mentira que yo haya podido dudar...
Pero esa carta, esa carta, por Dios: ¡mira que muero de impaciencia, de ansiedad!

Guttermann   (Sacando una carta.) Ella hará que te arrepientas de tu error. Hela aquí.

Grossermann   (Tendiendo la mano.) ¡Aquí! Ésa... ésa es; (Retirando la mano.) ¡No, no me la des, si

yo no creo que me engañes! (Guttermann va
a guardarla: Grossermann tiende la mano.)
¡A ver... a ver... (tomando la carta) que esta
carta... que ella es inocente... que voy a
verlo... que me ama! (Exclamando.) Yo por
esta carta la infamaba: de aquí va a salir
noble y pura como antes: ¡bendita, bendita
seas que me enseñaste a perderla para gozar
luego este inmenso placer de recobrarla!

(Abre la carta trémulo y ansioso.)

Guttermann   (¡Infeliz!)

Grossermann   Aquí me lo dice... aquí me llaman... aquí me
                    citan, ¿qué más prueba quiero ya? Noble es y
                    pura; pura y me ama... ¡abrázame, hermano!
                    ¡qué inmensa alegría! ¡abrázame otra vez!
                    ¡no hubiera aquí más gente a quien pudiera
                    yo abrazar! ¡Inocente, y pura, mía! ¡Si ya lo
                    sabía yo! Si no podía ser que me engañase...
                    Yo he dado mi vida a esta mujer, decíame
                    yo: he hecho de ella adoración, consuelo,
                    paz; díla riquezas, ternura, hogar, calor,
                    díla mi alma entera ¿cómo había yo de creer
                    que ella me engañara? Mía, mía es su alma
                    todavía como antes. (Yendo de una puerta a
                    otra para llamarla.) Fleisch... Fleisch mía...
                    (Deteniéndose en el centro de la escena.)
                    ¡Qué hermoso está todo! ¡Parece que el cielo
                    se me abre! ¡Parece que el cielo mismo se
                    me entra en el corazón! (A un movimiento

de Guttermann) ¡Vamos, vamos a buscarla! Estará en el jardín... en la casa cercana... por aquí... por aquí más pronto... (se detiene un instante) ¡mía y pura! (A un movimiento de Guttermann) Sí, sí, vamos... vamos...

(Salen.)

Escena VII

Guttermann (Solo.)

Guttermann   (En el umbral de la puerta por la que ha salido Grossermann.) Corre ya el triste en pos de su engañosa felicidad, y alienta todavía el que me ultrajó. Cuerpo era sin alma Grossermann que va desatentado en pos del alma perdida: ¡cuerpo soy yo sin honra que no la merezco hasta que no la recobre! Él es feliz: ¡hónreme ahora yo!

(Sale al tiempo que entra precipitadamente por la primera puerta de la izquierda Fleisch seguida de Possermann.)

Escena VIII

Fleisch y Possermann

Fleisch	¡Desventurado! ¡Huye de aquí! mi marido habla quizá en este instante con Guttermann, convéncelo con carta fingida: ¡huye de aquí!
Possermann	¡No sin verte un momento! ¡no sin hablarte ahora que suerte infausta me obliga a alejarme de aquí!
Fleisch	¿Qué?, ¿que te vas? ¡aguarda, aguarda entonces! ¡oh, día terrible que aún me guardabas este fiero dolor! ¿Por qué te vas? ¿Qué te arranca de aquí? ¿El amor quizá de una mujer? ¡Yo te amo más que nadie te amaría! ¿Las iras de mi marido? ¡Yo las arrostraré todas para mí, y te libraré a ti de ellas! Pero no te vayas... piensa a cuántos peligros me expuso tu cariño, que por ti desafío ahora mismo la cólera de Grossermann, ¡piensa que te amo!
Possermann	¡Imposible, Fleisch! Enemigo implacable me persigue y no podrías tú librarme de él... Para verte última vez subía.
Fleisch	¡Última vez!
Possermann	¡Última, Fleisch mía! Quede en ti siempre fija la memoria de esta ardiente pasión: tú me amaste...
Fleisch	¡Te amo!

Possermann   ¡Mías fueron tus horas de delirio, mía la hermosura de tu ser! ¡piensa que nunca olvidaré yo tu belleza! ¡piensa que con la memoria de los tuyos, morirá en mí siempre el recuerdo de todo otro amor! ¡piensa, bien mío, con cuánta delicia ahogué yo en tus labios, al nacer de los tuyos, estos besos febriles y ardientes que al partir todavía de tu lado me están quemando el corazón!

(El grupo debe estar de manera que dé Fleisch la espalda a la primera puerta de la derecha por la que saldrá precipitadamente Grossermann.)

Escena IX

Grossermann, Possermann y Fleisch

Grossermann   (Yendo a ella con los brazos abiertos.) ¡Fleisch, Fleisch de mi alma! (A su exclamación se vuelve Fleisch, Grossermann ve a Possermann) ¡Qué! (Haciendo un paso atrás.) ¿Es verdad?... ¿Es verdad?... (Yendo a Possermann que protege con su cuerpo a Fleisch.) ¡Infierno, infierno!

(Y se arroja sobre Possermann que ha buscado un arma sin hallarla en su cinto, al caer Grossermann sobre Possermann.)

Fleisch   ¡Jesús!

(Y cae arrodillada cubriendo el rostro con las manos.)

Possermann   (Luchando inútilmente por desasirse de
                    Grossermann que le lleva hacia la primera
                    puerta de la izquierda.) ¡Perdón; perdón para
                    ella!

Grossermann   ¡Maldita sea!

Possermann   ¡Perdón si muero!

(Ya junto al umbral.)

Grossermann   (Ya entrando.) ¡Muere! ¡muere! ¡Y ella
                    después!

(Desaparecen por la puerta.)

Fleisch   ¡Dios de mi vida, misericordia para mí!

(Se oye la caída de un cuerpo.)

Grossermann   (Sale y exclama.) ¡Loco, loco, loco era, Dios!
                    ¡Muerto ese hombre! muerto a mis pies ¿qué
                    pienso? ¿Qué dudo? ¡Bien muerto está! Él me
                    mató mi alma: yo le he matado el cuerpo, él
                    me queda a deber todavía: ¡bien muerto está!
                    (Fleisch que ha debido alzarse espantada
                    al verlo volver, quiere huir, y apoyarse
                    desfallecida en la mesa, Grossermann
                    reparando, al volverse, en Fleisch; yendo con
                    furor a ella.) ¡Y tú vives, tú alientas, tú lo

amaste! Tú como él me manchas: ¡a ti como a
él!

(Alza sobre ella la mano armada de un puñal.)

Fleisch   (Cae arrodillada.) ¡Perdón!

Grossermann   ¡Muere! ¡ah! ¡no! (Dejándole el brazo y
                 apartándose.) ¡Qué infamia! ¡Es mujer!
                 (Yendo a ella y alzándola del suelo.) Vil, vil
                 criatura, yo te amaba... ¡vete!

Fleisch   ¡Perdón por la memoria de tu madre!

Grossermann   No, no, que me la manchas: ¡vete!

Fleisch   Fue locura, fue vértigo, fue delirio...

Grossermann   ¡Calla!

Fleisch   ¡Fue que mi cuerpo venció a mi alma: fue que
                 la influencia de sus ojos me arrancó en un
                 instante la memoria de tu amor!

Grossermann   ¡Fue que la sensualidad, que es el infierno,
                 venció a la castidad, que es Dios! Pero tú
                 vives, yo vivo, tú me miras, ¿cómo puedes
                 vivir? En ti puso sus labios, besó tu boca,
                 acarició tu cuello: ¡muere tú también!

(Levanta el puñal, Fleisch cae sentada, Guttermann entra
precipitadamente por la puerta del fondo.)

Escena X

Grossermann, Guttermann y Fleisch

Fleisch (Al sentarse y apartando a Grossermann) ¡Oh!

Grossermann ¡Tú lo amaste!...

Guttermann ¡Grossermann!

Grossermann (Dejando caer el puñal, deteniéndose súbitamente.) ¿Qué quieres? Nada. (Apartándose, Guttermann sin adelantar.) (Grossermann irritado.) ¡Digo que nada! ¡Ésta, ésta que llora, llora porque ha muerto uno a quien ella quería, y otro, otro (como abatiéndose) que la quería a ella más, mucho más...!

Guttermann (Yendo rápidamente al sillón.) ¿Qué pasa aquí?

(Grossermann se queda como aterrado.)

Fleisch (Levantándose.) ¡Ah! ¡Id, id, quizás aliente, quizás viva, quizás pueda salvarse, todavía!

Guttermann ¡Qué! ¡Grossermann!

(Fleisch hace un movimiento de ansiedad, Guttermann corre
a la primera puerta de la izquierda.)

Fleisch   (Con ansiedad.) Sí, id... id.

Grossermann   (Como continuación a su anterior
                        pensamiento.) ¡Oh! ¡más, más, más que a la
                        esperanza! ¡más que a la luz!

Guttermann   (De adentro.) ¡Muerto!

Grossermann   (Irguiéndose de repente.) ¡Eh! ¿quién lo ha
                        dicho? (Un movimiento de espanto.) ¡Muerto!
                        (Como hablando con alguien.) ¡No he sido
                        yo! ¡No está muerto! ¿Quién dice que está
                        muerto?

(A estas frases dichas con acento desesperado sucede la pos-
tración anterior.)

Guttermann   (Saliendo del cuarto y yendo a Grossermann)
                        ¡El infame, el que me robó la hermana de mi
                        alma! (Tomando el brazo a Grossermann
                        que no alza la cabeza.) ¡Ah, mano necia que
                        no dejaste a mi mano la satisfacción de su
                        castigo!

Grossermann   (Inclinándose y como disculpándose
                        torpemente con Guttermann) Yo no... yo
                        no...
Fleisch   ¡Ni me amaba!

| Guttermann | (Yendo a Fleisch que baja la cabeza como anonadada por las palabras de Guttermann) ¡No, no te amaba! ¿Merecías acaso, mujer torpe y liviana, que alguien animase su corazón para ti? ¡Carne es la adúltera: ámesela y engáñesela como a carne! |

(Apartándose de ella.)

| Fleisch | (Tendiendo a Guttermann las manos.) ¡Perdón! |

| Guttermann | ¡Loco el amigo de mi alma, muerto un hombre! ¡Adúltera, no hay perdón en la tierra para ti! |

| Grossermann | (Saliendo de su postración.) ¿Que por qué lo maté? ¡Porque él me mató! ¡No había yo de matarlo! (Llorando.) Ése, ése era el muerto a quien ella quería, y yo... yo... yo soy el otro muerto que la quería a ella, que en ella adoraba, que muere por ella... ¡ay! que se me revienta el corazón. |

(Tendiendo los brazos a Guttermann.)

| Fleisch | (Cayendo de rodillas.) ¡Perdón!... perdón por mi alma. |

| Guttermann | (Extendiendo las manos con un movimiento de horror.) ¡Loco mi amigo, muerto un |

hombre: adúltera, no hay perdón en la tierra
para ti!

(Guttermann queda solo a un lado, casi al centro de la escena. Fleisch hunde la cabeza en sus manos. Grossermann se vuelve, y tiende lentamente y sollozando los brazos a Fleisch.)

Cae el telón

Libros a la carta

A la carta es un servicio especializado para
empresas,
librerías,
bibliotecas,
editoriales
y centros de enseñanza;
y permite confeccionar libros que, por su formato y concepción, sirven a los propósitos más específicos de estas instituciones.

Las empresas nos encargan ediciones personalizadas para marketing editorial o para regalos institucionales. Y los interesados solicitan, a título personal, ediciones antiguas, o no disponibles en el mercado; y las acompañan con notas y comentarios críticos.

Las ediciones tienen como apoyo un libro de estilo con todo tipo de referencias sobre los criterios de tratamiento tipográfico aplicados a nuestros libros que puede ser consultado en Linkgua-ediciones.com.

Linkgua edita por encargo diferentes versiones de una misma obra con distintos tratamientos ortotipográficos (actualizaciones de carácter divulgativo de un clásico, o versiones estrictamente fieles a la edición original de referencia).

Este servicio de ediciones a la carta le permitirá, si usted se dedica a la enseñanza, tener una forma de hacer pública su interpretación de un texto y, sobre una versión digitalizada «base», usted podrá introducir interpretaciones del texto fuente. Es un tópico que los profesores denuncien en clase los desmanes de una edición, o vayan comentando errores de interpretación de un texto y esta es una solución útil a esa necesidad del mundo académico.

Asimismo publicamos de manera sistemática, en un mismo catálogo, tesis doctorales y actas de congresos académicos, que son distribuidas a través de nuestra Web.

El servicio de «libros a la carta» funciona de dos formas.

1. Tenemos un fondo de libros digitalizados que usted puede personalizar en tiradas de al menos cinco ejemplares. Estas personalizaciones pueden ser de todo tipo: añadir notas de clase para uso de un grupo de estudiantes, introducir logos corporativos para uso con fines de marketing empresarial, etc. etc.

2. Buscamos libros descatalogados de otras editoriales y los reeditamos en tiradas cortas a petición de un cliente.